海 派 (第3辑)

上海大学出版社

图书在版编目(CIP)数据

海派.第3辑/陈子善,张伟主编.—上海:上海大学出版社,2023.6
ISBN 978-7-5671-4726-3

Ⅰ.①海… Ⅱ.①陈…②张… Ⅲ.①海派文化-文集 Ⅳ.①G127.51-53

中国国家版本馆 CIP 数据核字(2023)第 090185 号

海派(第3辑)

出版发行	上海大学出版社
地　　址	上海市上大路 99 号
邮政编码	200444
网　　址	www.shupress.cn
发行热线	021-66135109
出版人	戴骏豪
印　　刷	上海颛辉印刷厂有限公司
经　　销	各地新华书店
开　　本	787mm×960mm　1/16
印　　张	13
字　　数	260 千
版　　次	2023 年 7 月第 1 版
印　　次	2023 年 7 月第 1 次
书　　号	ISBN 978-7-5671-4726-3/G·3509
定　　价	68.00 元

版权所有　侵权必究
如发现本书有印装质量问题请与印刷厂质量科联系
联系电话: 021-57602918

主　编

陈子善　张　伟

编　委(以姓氏笔画为序)

王金声　汤惟杰　朱　枫　邢建榕　沈飞德
李天纲　张　伟　林丽成　罗宏才　周立民
邹振环　陆　灏　陈子善　陈思和　陈建华
钱乃荣　黄晓彦　薛理勇

统　筹　黄晓彦
责任编辑　颜颖颖
整体设计　缪炎栩
技术编辑　金　鑫　钱宇坤

出版支持

上海大学海派文化研究中心

封面说明

《富春江严濑秋色》,刘海粟作于 1956 年,澹简斋藏

目　录

特　稿
张　伟　1925：半淞园画友合影照之谜　／ 1
张舒萌　翻开尘封的历史　／ 14

纪念张伟先生
谢其章　我的上海朋友张伟先生　／ 17
刘　钢　无法忘记的影像　／ 20
孙　莺　书帷小阁刚容我　／ 22
汤惟杰　那些时间，那些面孔——忆张伟老师　／ 27
黄晓彦　张伟的"海派世界"　／ 31
张伟著编书目　／ 40

评　论
邹振环　张元济与海派神韵的继承和创造　／ 44

日记与书信
郑有慧提供，祝淳翔整理　郑逸梅日记（1954 年 3 月）　／ 50
吴心海　翻译家汝龙与吴奔星通信释读　／ 63

人物丛谈
周立民　巴金的"吃饭"往事（下）　／ 75
王金声　笔底波澜　海上一粟　／ 90
罗宏才　徐朗西：为裸体写生而"牺牲"　／ 95
王汝刚　百年绿杨（上）　／ 107
孙　莺　无灯无月周鍊霞　／ 118

沈西城　何行揭光怪陆离现象——香港海派作家系列之三　／126

文艺漫话
周全平　追忆 A11 与 B22　／130
韩　东　姚苏凤的"侦探小说学"（下）　／133
徐自豪　庄学本、叶浅予交游考　／143
柯卫东　小说林社的书和封面画　／147
郭文锦　杨新宇　徐霞村的海派诗　／153

逛马路
陈万华　"中国娜拉"黄逸梵在海外——介绍几件新史料　／165
严洁琼　何挺然的海上影院版图　／175

口述实录
俞振飞口述，秦来来整理　漫谈梅兰芳　／183
梁惠芳口述，林丽成整理　追星付终生　甘苦唯自知——遗孀眼中的黎锦晖　／191

1925：半淞园画友合影照之谜

张 伟

月份牌在中国的推广，最初的力行者是彩票和保险公司以及其他外国洋行，时间大约在19世纪七八十年代。对那时的中国人而言，彩票、保险和出入口贸易都是新兴产业，知晓的人不多，需要大力推介宣传。除了商品本身以外，带有图案的月份牌无疑是最好的媒介；加上那些洋商深谙中国人的心理，采取买一送一的赠品形式，故月份牌很快走进千家万户，起到了很好的商品推广作用。继之而起的是报馆和书局，它们本身就拥有自己的印刷和发行渠道，推出月份牌所费甚少却能坐拥良好的推广效果，自然乐意尝试，像《申报》《时报》等，在19世纪末和20世纪初都已多次发行自己的月份牌，影响颇大。紧随其后的则是实力雄厚的烟草业了，进入20世纪以后，月份牌领域可以说是众多烟草公司竞相斗艳的天下，其中尤以英美烟公司和南洋兄弟烟草公司发行月份牌最多，影响最大，竞争也最为激烈。有人撰文评说：当时月份牌"大都因陋就简，纸张既黯淡无光，印刷又模糊不清，社会人士大多漠然视之。迨后，烟草业发达，各大公司如南洋、英美咸不惜重酬，延聘画师，而印刷亦逐渐考究，竞奇炫异，不遗余力，于是成绩遂斐然可观，引一般社会人士注目也"[①]，可谓的评。

"英美"和"南洋"是烟草业的两个巨头，代表着中外两大势力。英美烟公司不但是外商烟厂的老大，而且在整个中国烟草行业，它都是势力最为雄厚的巨擘。简氏的"南洋"，是在与英美烟公司的拉锯战中成长起来的民族品牌。"南洋"这个品牌可以说是简照南、简玉阶兄弟筚路蓝缕、历尽艰辛一手所开创，来之不易。从成立的那时候起，英美烟公司就把中国视为最大的市场，它们迅速进入这片古老而广阔的土地，不断扩展业务，而发展迅猛、日益壮大的南洋兄弟烟草公司自然被它们视为最大的竞争对手。两家烟草公司竞争最激烈的时期，是1915—1928年，这也是南洋兄弟烟草公司发展最迅速，

---

① 杨剑花：《月份牌续谈》，《紫罗兰》1927年第2卷第10期。

对英美烟公司不断构成威胁的时期。

英美烟公司为宣传自己的产品可谓不遗余力,它在管理层的重视程度以及物质层面的投入等方面,是别的同行企业所无法比拟的。同时,在当时的各大企业中,英美烟公司是对月份牌的广告宣传作用最为重视的一家,早在1914年,它就聘请当时名望最高的周慕桥绘制月份牌。这以后,"英美"聘请的名牌画家,有名有姓可以确认的就有杨左匋、胡伯翔、梁鼎铭、丁悚、张光宇、倪耕野等,他们在英美烟公司的主要工作就是绘制月份牌,其中不少作品十分精美,不少现已成为难得的收藏品,有的甚至进入拍卖场拍出了高价。面对英美烟公司的咄咄逼人,南洋兄弟烟草公司不甘示弱,集中全部力量予以抗争,从体制改革到研制新品再到扩大营销渠道,在多个方面和英美烟公司进行近距离对峙抗衡。"南洋"对宣传工作也予以很大重视,拨巨资投入到多个方面,以树立公司的正面形象。和英美烟公司一样,南洋兄弟烟草公司同样也设有自己的美术设计部门,主任一职由名闻沪港粤三地的革命家、艺术家潘达微执掌,而"南洋"和"英美"之间的广告营销之争,主要也是在他和他的同乡——英美烟公司南中国总代理江孔殷、江叔颖父子之间展开,而且这一仗一打就是十余年,凶险而惨烈。

潘达微(1881—1929),广东番禺人,原名虹(一说名允中),字心微,后改字达微,又字铁苍,号影吾、景吾、别号忏觉、冷道人、冷残、觉庐等,以字行。出身官绅之家,父亲潘文卿在清末当过武官,是广州广仁善堂创始人之一。潘达微早年参加兴中会和同盟会,主办《时事画报》《平民报》《天荒》等报刊,积极协助孙中山在港粤一带宣传革命。1911年3月,同盟会发动的广州起义失败,烈士遗骸暴尸街头,潘达微冒险收尸,安葬在广仁善堂义地红花岗。因为潘氏平生最爱菊花,特别欣赏古人"菊残犹有傲霜枝"的诗句,故特意将岗改名为黄花岗。从此,黄花岗名传天下,潘达微也因收葬七十二烈士,被人称为"侠士"。潘氏多才多艺,擅长丹青,精研摄影,创办广州最早的摄影团体景社,其作品曾获"国际沙龙摄影奖"。

潘达微出任南洋兄弟烟草公司美术设计主任一职的时间,至迟不会晚于1915年。此外,他还一度出任"南洋"香港分公司经理一职。他聘用黄般若、郑少梅等名画家,为"南洋"设计"公仔纸"(又称香烟牌子、烟画),以《三国演义》《水浒传》《红楼梦》中人物故事为内容,一包烟中放一张,凑齐全套可领奖,起到了很好的产品促销作用,还掀起了社会上的收藏热潮。月份牌受众群大、传播面广、保存时间长,是当时宣传推广商品的最佳载体,南洋兄弟烟草公司在这方面也和英美烟公司进行了激烈的竞争。民国初期,正是月份牌脱颖而出、遍地开花之际,"南洋"在站稳脚跟之后,马上就开始筹划发行自己的月份牌,时间至迟不会晚于1916年;而月份牌名家周柏生则在1917年就被南洋兄弟烟草公司正式聘请为专业画师,专门负责设计创作月份牌。事实上,在当时整个20年代,郑曼陀、丁云先、徐咏青、谢之光、张光宇、杭稚英等一众名家都为"南洋"画过月份牌。

1921年,为和英美烟公司竞争,也为了酬答顾客,潘达微代表南洋兄弟烟草公司特请沪上十二名家各绘一画,画图钩心斗角,各尽其妙,印成类似挂历的《十二名画集》,凡积存十枝装大长城香烟壳四十个,即可换赠一本《十二名画集》。这本挂历封面为谢之光绘制的《美女饲禽图》:雏鸡三五,踯躅小园,一妙龄女郎斜坐岩石上,撒豆逗鸡,生活气息浓郁。参加绘制这套画集的有徐咏青(《云水沉沉夏亦寒》)、丁云先(《枝上柳绵吹又少》)、郑曼陀(《斜倚熏炉坐到明》)、丁悚(《三月三日天气新》)、张光宇(《调急遥怜玉指寒》)、谢之光(《玉为风骨雪为衣》)、周柏生(《湖上微风入槛凉》)、尊我(《红裙忌煞石榴花》)、杨清磐(《沉香亭北倚栏杆》)、但杜宇(《霜落秋山黄叶深》)、潘达微(《已凉天气未凉时》)、杭稚英(《新花低发上林枝》),几乎把当时的月份牌画名家一网打尽。当时就有人指出这本挂历实即月份牌之一种变体:"民国十年春,南洋公司印赠海上十二名画家月历牌时装仕女号,一种殆月份牌之变相也。"②南洋兄弟烟草公司的这一商业创意引起轰动,时论誉之为"空前绝后之美术品"③。

潘达微执掌"南洋"宣传大权,为"南洋"抢占月份牌市场可谓殚精竭虑,竭尽所能;他还充分发挥自己在艺术界的人脉优势,为"南洋"广结善缘。1925年7月初,潘达微代表"南洋"在上海半淞园邀集月份牌名家聚会,出席者有周柏生、郑曼陀、丁悚、李铁笛、谢之光、丁云先、徐咏青、张光宇等,除了在英美烟公司画月份牌的主力干将胡伯翔、梁鼎铭等不便邀请外,其他在上海的月份牌名家几乎都悉数到场了。除了潘达微,别人

---

② 杨剑花:《月份牌续谈》,《紫罗兰》1927年第2卷第10期。
③ 《空前绝后之美术品,奉赠海上十二名画集》,《申报》1921年5月10日。

1925年7月,月份牌画家在半淞园的一次聚会(左起:周柏生、郑曼陀、潘达微、丁悚、李铁笛、谢之光、丁云先、徐咏青、张光宇。载《上海漫画》第74期,1929年9月21日)

可能很难有这么大的面子。半淞园的这次聚会还留有一张珍贵的合影,上述诸人皆在场,大家或蹲或坐或站立,既具名家风范,又尽显艺术家之潇洒,精彩之极。这张照片现在已经成为月份牌界最有代表性的历史影像,其唯一性无可替代。1929年8月27日,潘达微在香港因病辞世,年仅48岁,一直视潘达微为良师益友的张光宇闻讯倍感痛惜,他在《上海漫画》上编辑了一个专栏以为纪念,公布了这张"半淞园合影",并附短文说明:"粤中著名之摄影家潘达微先生(即冷道人),于八月间忽然逝世,噩耗传来海上,闻者咸为惋惜。盖潘先生非特精于摄影,绘画亦所擅长,惟以体质素弱,鲜肯作幅,昔年且奔走革命,收葬黄花岗七十二烈士一事,尤为其生平壮举。左图为数年前先生在沪宴请海上画家于半淞园留影也,自左至右为:周柏生、郑曼陀、×(即潘先生)、丁悚、李慕、谢之光、丁云先、徐咏青、张光宇诸先生也。"④

这张照片现在大家已经非常熟悉,所有相关美术史的著述和展览都视之为重要文献,纷纷予以引用。最早引用此照的《中国漫画史话》认为,这是"中国早期漫画家和月份牌画

---

④ 《上海漫画》第74期,1929年9月21日。

家的一次难得的合影"⑤。此话当然不错,但其背后的因缘及其相关的延伸故事,其实还隐藏着一个谜,且至今无人考释揭秘。笔者现根据新发现的文献,尝试来解开这个谜。

张光宇在1929年发表这张照片时,并未对拍摄时间做详细说明,只是笼统地说"左图为数年前先生在沪宴请海上画家于半淞园留影也"。但此照的具体拍摄时间其实并不难厘清,就在几年前,也即此照拍摄当月,沪上名报《时报·图画时报》即以《沪上画家之合影》为题作了迅速报道,并刊出了这张照片⑥。按照报纸一般都是报道即时新闻的惯例,那么这张照片应该摄于1925年的7月初。《图画时报》在刊发照片的同时,并附有简短的说明:"此图自左而右为周柏生、郑曼陀、潘景吾、丁悚、李铁笛、谢之光、丁云先、徐咏青、张光宇,均海上之画家也。傅访然君摄。"这则说明最有价值的地方是明确了拍摄者的身份。

香港出版的《微笑》第2期封面

但半淞园的故事并没有完,因为潘达微他们那天还拍了另一张照,而且就在半淞园的同一个地方,只是人数增加了五位。这张照片发表在《微笑》双月刊上,杂志出版于香港,由海空、新锋、颖量等主编,但刊物的灵魂人物是潘达微,而海空他们也都是潘达微的学生。《微笑》创刊于1926年年底,潘达微在刊物上发表了大量作品,形式包括文字、美术和摄影,处处显现着其灵魂主导的身影。更有意思的是,刊物在显著位置发表的另一张半淞园照片。原来那天潘达微他们拍照时,正好有一批外国人也在游园,中国画家们的潇洒姿态引发了他们的浓厚兴趣,顿时玩性大发,一定要加入一起合影。于是"咔嚓"一声,九位中国画家和这五位外国游客的身影就定格在了底片上。《微笑》在刊发这张照片时,题名《半淞园画友小集:不速之客,参与拍照》,

---

⑤ 毕克官:《中国漫画史话》,百花文艺出版社2005年版。
⑥ 《沪上画家之合影》,《时报·图画时报》1925年7月5日。

1925年7月,半淞园画友合影(第二张),丁悚藏

还附有当事人李铁笛的说明:"去年初秋,偕数画友散步半淞园,拍照为乐。方部署启镜时,陡来西客数人,参与同照。余笑问何意? 答曰:同是游乐,助君雅兴耳。其风趣有如此者。拍已,大笑去,至今不知谁何也。李铁笛志于春申。"照片上,九位中国画家人数未变,但排位和站、坐、蹲等姿势与《时报·图画时报》和《上海漫画》上所刊发者并不一样,最大的不同是照片上多了五位外国人,四女一男,姿态随意轻松,和李铁笛的说明完全可以对应。

写到这里,故事还未结束。在上述两张照片中,大家都能发现丁悚的身影,和照片中的其他画家相比,除了谢之光和张光宇外,他比其他人都要更年轻,但他的名望和艺术造诣却丝毫不亚于他人。他在漫画、封面画、广告招贴画、时装仕女画等领域的成绩,在当时都堪称顶尖水准。民国初年,丁悚正值年少,精力充沛,兴趣广泛,除了绘画算是他本行之外,在摄影领域也照样领风气之先,和一批朋友研习探讨,弄得风生水起。其实摄影和美术本就艺出同门,都以形象、光线和色彩等为研究对象,丁悚不分彼此,一律都以认真严谨的态度对待,拍摄发表了很多精彩的摄影作品。他还是上海最早的摄影团体中华摄影学社(简称华社)的发起人之一。此外,丁悚性格温和,乐于助人,他在贝勒路天祥里31号(今黄陂南路847弄)的家绝不亚于北平北总步胡同3号院里林徽因的太太客厅,几乎成为当年各路艺术家聚会的固定场所,堪称海上沙龙。1949年后,他是上海文史研究馆的馆员,闲暇时光,他整理自己几十年来在艺坛打拼留下的各类收藏纪念品(主要是各类历史照片),并将其中部分捐赠给了国家。我有幸得到丁悚文孙丁夏先生的允准,得以目睹这些藏品的高清复制件,结果又惊喜地发现:前述发表在《微笑》杂志上的那张《半淞园画友小集:不速之客,参与拍照》,原照居然保存在丁悚的藏品中,而且,这张原照上,更赫然书写有丁悚、李铁笛、陆丹林三位前辈的亲笔题跋。照片右侧李铁笛的题跋,和《微笑》杂志上的说明基本一样,只是在"去年"两字后面加一括弧说明"1925",其他完全一致,不差分毫;照片上端是丁悚的题跋:"义葬黄花岗烈士之潘达微与画友合影。丁悚藏。"照片左侧则是陆丹林的题跋。陆丹林早年即加入同盟会,在军政界均曾任职,参与了不少重大历史事件,和同盟会前辈陈少白、潘达微、马君武等均有私交,还是著名文史杂志《逸经》和《大风》的主编。丁悚请这样一位前辈在照片上题跋,合情合理。陆丹林的题跋是:"潘景吾即达微,别署冷残。收殓七十二烈士埋葬于黄花岗,侠骨义行,炳耀千秋。工诗画,辛亥革命前后数度创办画报,《微笑》即其所主编者。陆丹林。"这样一张跨越近百年时间的大尺寸历史原照,本身就很罕见,更何况它定格记录的是一次既非常难得又很有意义的艺坛名流聚会,照片上还有三位前辈的亲笔手泽,我们完全可以将此定义为一件具有文献和文物价值的孤品级的历史原照[7]。

故事叙述至此,精彩尚在继续。笔者在丁悚留下的遗物中居然又发现了一张"半淞园画友合影"。仔细端详,这张照片和上述两张"半淞园合影"在时间、地点、人数、服饰

---

[7] 注:后经丁悚文孙丁夏先生证实:"文中提到照片上的题跋稍有出入,左右的题跋应是我爷爷(丁悚)转抄的,因为字迹是我爷爷的。"

上都完全一致,显然是同一系列。如果细加辨别,三者在排位、站坐等方面则又有明显不同。我们且以发表时间为序:

《时报·图画时报》和《上海漫画》刊发的照片是第一张,九位画家(徐咏青、潘景吾、丁云先、周柏生、郑曼陀、丁悚、谢之光、张光宇,上述排列以出生年龄为序,李铁笛未详)中有五人站着:周、郑、潘、李、徐,三人坐着:丁(悚)、谢、丁,一人蹲着:张。

1925年7月,半淞园画友合影(第三张),丁悚藏

《微笑》杂志刊发的是第二张(中外人士合影),九人中有四人站着:周、潘、李、丁,四人坐着:郑、丁(悚)、谢、徐。一人蹲着:张。

丁悚遗物中发现的是第三张,九人中有六人站着:徐、周、郑、丁、丁(悚)、张,二人坐着:谢、潘,一人蹲着:李。

同一个地方,同一批人,以同样的服饰,居然拍了三张照片,且都洗印放大并保存了下来,其中有两张还公开发表了。显然,作为照片主人公的九位当事人都非常重视这次聚会,那么,这次聚会究竟有着什么目的呢?这个疑问一直困扰着我,我甚至本能地觉得,这不会是一次简单的只叙友情、不及其他的朋友聚会。但偏偏所有已浮出水面的相关叙述和实物,都高度默契地保持着沉默,完全找不到任何切入口,让人徒叹奈何。

就在山重水复疑无路之际,事情却似乎有了一些转机。一天,我习惯性地上网浏览,突然看到有一套月份牌出售,尺幅巨大,品相绝美,为南洋兄弟烟草公司出品的时装仕女春夏秋冬四季四条屏,画幅尺寸均为125.5厘米×31.8厘米,加上镜框有近一人高,堪称巨制。看到这套月份牌精品画作,不知为什么,我心里隐约间竟然浮起了某种期许。当然,如此精品,价格自然不菲,店主开价奇高。斟酌半天,只恨囊中羞涩,实在下不去手。从此,这套画就一直悬在心里,始终放不下,隔几天就上网看看,过过瘾,但每次又有些紧张,生怕打开网页看到的是画作已经出售。就这样过了好几个月,这套画时不时地出现在我的脑海里。直到有一天,不知怎么脑子竟突然开了窍,在这天的日记中有这样的记录:"早晨五点,突然想起一个线索,再也睡不着了,干脆爬起来干活。打开电脑,认真看,仔细想,果然有收获:这套画每幅都是两个人合作,分别为:(1)春景:(郑)曼陀绘人,(徐)咏青补景;(2)夏景:(潘)景吾绘人,(谢)之光补景;(3)秋景:(周)柏生绘人,(丁)云先补景;(4)冬景:(丁)慕琴(悚)绘人,(张)光宇补景。这不就是那张半淞园合影里的八个画家吗?这四条屏应该就是半淞园聚会的产物之一啊,符合逻辑推理。"有了这个突飞而来的思路,这套画就有了必须购买的理由。下了订单之后我还忐忑了好几天,直到安全地拿到这套画作,才终于放下了一桩心事。这套四条屏月份牌,每幅画均由老兰(潘飞声)题词一首,由老琴、小霞等书写。画面巨大,效果震撼,最主要的是几乎囊括了当时最优秀的月份牌画家,而且都是正当盛年之作,非常难得,窃以为当可称之为月份牌领域的扛鼎之作。徜徉年余,能终得之,可喜可贺之余,心里竟然有了可以浮一大白的感觉。

"半淞园合影"参与者共有九人,除了上述八位画家之外,还有一个为李铁笛。张光宇1929年在《上海漫画》发表这张合影时,将他写成"李慕",很多研究者认为这里可能有脱文,"李慕"应该是另一位月份牌画名家"李慕白"。这其实并无可能。李慕白是杭稚英的海宁同乡,出生于1913年,1928年始进入稚英画室学习。照片拍摄于1925年,当时李慕白才12岁,尚未涉足月份牌画这个领域;再从照片上的"李慕"形象来看,已近中年,可以肯定绝非少年。而"李铁笛"和"李慕",无论从字数还是字形,也都不可能相混。民国时人都还保留着取字的习惯,未知这位"李铁笛"是否字"慕"? 至于他的身份,应该也不是一个画家,网上似乎查不到任何有关他的信息。我猜测,这位李铁笛很可能是潘达微的助手,或者系南洋兄弟烟草公司负责联系画家的相关主管,如此,他在这个场合出现,并在照片上题词说明,就非常正常且可以理解了。

得到画作之后,开心之余我还是有一丝疑虑。这四幅月份牌中由(潘)景吾绘人、(谢)之光补景的《夏景月份牌》那幅,上端有兰史题辞、秋斋书写的《蝶恋花》一首,词曰："花退残红霜意重，昨夜潇潇，绿掩纱窗缝。只许芭蕉余韵送，寒蛩催得秋阴冻。阑角焦桐闲一弄，郎爱桐花，妾爱桐花凤。叶叶花花情莫共，宵深可有辽西梦？兰史题词，秋斋□书，时辛酉潮生日。"钤印：竹为师菊为友梅为妻兰为姬（朱文）。从题词落款看，这首词写于辛酉，也即1921年。这就和前面推断的画作绘于1925年有了矛盾。那么，这四幅月份牌是否会绘于1921年呢？毕竟，潘达微代表南洋兄弟烟草公司在1921年曾约请沪上十二名家各绘一画，印成类似挂历的《十二名画集》，十二名家中就包括郑曼陀、徐咏青、周柏生等八人。此事在当时可谓开风气之先，引起很大影响，报纸曾纷纷报道。按此推理，媒体既然对《十二名画集》有大量报道，这八大名家绘制月份牌四条屏也是具有轰动效应的新鲜事，媒体自然不会舍此就彼，冷落这四条屏。但就我目前之孤陋寡闻，似乎还未发现媒体在1921年或1922年对此的报道。那么，另一种推测有无可能：即此词确作于1921年，但四年后被移用到了画上？或者，"南洋"方面当时是作了一次"命题作文"，拿出这作于1921年的四首词，让八位画家按照词意进行创作？毕竟，诗（词）意画在画坛并不少见。当然，以上所做各种推测，都还有待可靠的文献来证

春景：郑曼陀绘人，徐咏青补景（南洋兄弟烟草公司四季四条屏1926年月份牌之一）

夏景：潘达微绘人，谢之光补景（南洋兄弟烟草公司1926年四季四条屏月份牌之二）

秋景：周柏生绘人，丁云先补景
（南洋兄弟烟草公司四季四条屏月份牌之三）

冬景：丁悚绘人，张光宇补景
（南洋兄弟烟草公司四季四条屏1926年月份牌之四）

实，也希望诸位先进有教于我，解我疑惑。

虽然画作的创作年份还有待文献证实，但我们的讨论仍可深入下去。

潘达微大约在1915年担任南洋兄弟烟草公司的美术设计主任，不久，又出任"南洋"香港分公司的经理，全面负责"南洋"南中国地区的广告营销业务。而他的主要对手江孔殷很早就在为英美烟公司服务，没几年，江又被英美烟公司驻华总督办柯伯思以30万—50万元的年薪正式聘请为该公司广州全权总代理（后由其子江叔颖接任），对外挂公益行的招牌，时在1918年。

江孔殷（1864—1952），广东南海人，别字韶选，又字少泉，号霞。他出生在一个茶叶商人家庭，是康有为的学生，参加过"公车上书"。1903年考上进士，入翰林，故其所居大屋被称为"太史第"。他官至两广清乡督办，但同情革命，支持潘达微冒死安葬七十二烈士于黄花岗，民国初年曾得到孙中山、廖仲恺的高度赞扬，孙、廖二人亲临"太史第"与其合照留念。江孔殷在担任两广清乡督办时结识广东武官潘文卿，后又通过潘文卿认识了他的儿子潘达微，两人结成深交。江孔殷深受潘达微影响，从而对孙中山领导的民主革命抱同情支持的态度。进入民国后，由于两人分属"英美"和"南洋",从而在商场上各归其主,展开激烈的竞争,这种竞争在江孔殷1918年正式出任英美烟公司广州全权总代理后更趋白热化。同行如敌国,两人在商业竞争中互争短长势所必然。江孔殷曾写有这样一首诗:"来年商战正萌芽,萁豆煎宁出一家。同是肉身须啖饭,不容旁观虎磨牙。"⑧非常形象地道出了这种竞争的不可避免和残酷性。

英美烟公司和南洋兄弟烟草公司,两家成立的时间相近,也几乎同时将总部搬到上海,耕耘同行业,对峙多年,都视对方为行业最大竞争对手,充分印证了"江湖独大太寂寞,双峰对峙是常态"的商业竞争真理。其实,"南洋"和"英美"相比,无论是资本金额、生产规模,还是员工人数、管理水平,都相差甚大。英美烟公司是由世界上最强大的两个国家的烟草巨头合并组成的托拉斯垄断企业,资金雄厚,势力遍及世界各国。南洋兄弟烟草公司本质上是一家家族企业,其崛起之初是以天津的北洋烟草公司为竞争对手的,然"北洋"和当时上海的"三星"、北京的"大象"、营口的"复记"等民族烟草企业,纷纷败于"英美"的强势挤压,顽强的"南洋"独枝孤秀,遂正面对上了强大的"英美"。"南洋"知道前面"骇浪惊涛",但既责无旁贷,也属势所难免。

南洋兄弟烟草公司盈余最高的三年是1920—1922年,分别为485万元、404万元和408万元,到1923年就下降到309万元,这一年简照南在上海病逝,年仅53岁。此后"南洋"的年盈余一直不振,到1927年仅盈余28万元⑨。于此可见,1925年,潘达微从香港北上上海,在半淞园招聚上海众画家之际,正是南洋兄弟烟草公司从盛转衰之危亡时期。作为中国市场上最大的两大烟草公司,营业竞争是无法避免的,并且这种竞争将会贯穿始终,除非其中一家倒闭关门。这种竞争有时候在台面上堂堂正正地进行,双方明来明往,全力比拼;有时候却在台下无声无息地演出,各自花招迭出,眼花缭乱。潘达微作为"南洋"主管广告营销业务的主要负责人,自然会将主要精力放在宣传"南洋"的出品上面。他是一个广告天才,宣传绝招甚多,对于月份牌广告,贡献尤大。1921年,他策划沪上十二名家各绘一画的《十二名画集》曾在上海轰动一时,对推广"南洋"香烟厥

---

⑧ 江沛扬:《沧桑太史第》,花城出版社2016年版。
⑨ 《南洋兄弟烟草公司停业之原因》,《工商半月刊》1930年第2卷第8期。

功至伟。时隔四年,他再度北上,仍想再现当年辉煌。八大名家合绘春夏秋冬四季四条屏月份牌,应该就是他此行的重要策划项目;而7月初在半淞园的画友相聚,正是具体洽谈此事,商定各家所负责内容的一次重要聚会。因为是两人合绘一幅画,潘达微在安排合作人选时也是煞费苦心:郑曼陀和徐咏青的画具有互补性,一个以画人物而驰名,一个以画风景为擅长,当年坊间就有"郑家人物徐家景"之誉,这次当然也由郑、徐两位合作一幅;丁悚和张光宇情同手足,张光宇视丁悚为"大哥",两人合作一幅再合适不过了。诸如此类,处处都可见潘达微的用心。按照常理推测,这套"时装仕女春夏秋冬四季四条屏"月份牌,应该发行于1925年的年底,至于牌上为何没有印当年月历,这并不奇怪。当时的月份牌为了突出商家和画作,不印月历的所在多多,购者主要是为了画而花钱,买回家是当美术品挂起来欣赏的,前提是这个月份牌必须画得漂亮,印制精美。

　　三张照片,一套八大名家所绘月份牌四条屏,背后竟然隐藏着当时两家烟草巨头你来我往、刀光剑影的激烈竞争,而潘达微为了"南洋"可谓殚精竭虑,其病逝时年仅48岁,是八大画家中过世最早的,即使在社会平均寿命偏低的当时也仅为中寿,不由令人百感交集,扼腕兴嗟。

翻开尘封的历史

张舒萌

《1925:半淞园画友合影照之谜》是父亲张伟的一篇遗作,文件显示最后的修改日期为 2022 年 12 月 9 日。

发现这篇文章的过程颇为曲折偶然。1 月 15 日,上海下着大雪,樊东伟、丁夏、祝淳翔三位家父生前好友结伴前来吊唁。三位老师我都是第一次见,闲聊着他们与家父以文会友、共同鉴宝的趣事。聊着聊着,聊到家父和他们分享过一件收藏趣事——"八大家绘四条屏"。民国时期月份牌之风正盛,烟草公司全力比拼广告策略,想出名家合作一人绘人、一人补景的绘图营销手段,我父亲所藏的一幅名家合作月份牌正在刘海粟美术馆借展。送别友人,我在笔记本中记了一笔"月份牌——八大家绘四条屏"。

春节期间,丁夏老师受邀刘海粟美术馆直播间,介绍他祖父丁悚的"丁悚诞辰 130 周年文献艺术展"。在直播间,我终于见到了"八大家绘四条屏"之一的真容——南洋兄弟烟草公司时装仕女四条屏之冬景(丁悚绘人,张光宇补景)。按图索骥,我又在家父书房中发现了其余三幅:春景、夏景、秋景。

整理之余,我又尝试检索"四条屏",惊喜地发现家父 2020 年的三段日记中有相关记载。

3 月 14 日:

……早晨五点,突然想起一个线索,再也睡不着了,干脆爬起来干活。打开电

2016 年 2 月 7 日除夕仍在用功

脑,认真看,仔细想,果然有收获:这套画每幅都是两个人合作,分别为:(1)春景:(郑)曼陀绘人,(徐)咏青补景;(2)夏景:(潘)景吾绘人,(谢)之光补景;(3)秋景:(周)柏生绘人,(丁)云先补景;(4)冬景:(丁)慕琴(悚)绘人,(张)光宇补景。这不就是那张半淞园合影里的八个画家吗?这四条屏应该就是半淞园聚会的产物之一啊,符合逻辑推理。真想把这四条屏买下来,可是店主开价××元,实在太贵,吃不消……

7月2日:

……这套画一直悬在心里,始终放不下,隔几天就上孔网看看,过过瘾。前两天又去这家店查看,突然发现,这套四条屏还在,惟价格直降4万元,愣了半天,真有点弄不明白是怎么一回事。妥妥的市场价,这就没理由不掏银子了。了却一件心事,还省下了4万元,真应该浮一大白,痛快爽利……

7月3日:

中午收到四季四条屏月份牌:郑曼陀、徐咏青绘春景,潘达微、谢之光绘夏景,周柏生、丁云先绘秋景,丁悚、张光宇绘冬景,尺寸125.5厘米×31.8厘米,每幅画均由老兰(潘飞声)题词一首,由老琴、小霞等书写。画面效果震撼,最主要的是几乎囊括了当时最优秀的一批月份牌画家,殊为难得,窃以为当可称之为月份牌领域的扛鼎之作。徜徉年余,终于得之,可喜可贺……

流畅的文字画面感极强,仿佛把我拉向那个三月早春的凌晨,看着父亲坐在电脑前思如泉涌地做着检索、记录。又仿佛来到那个盛夏,和他一起分享老顽童捡到宝后的喜悦。

多亏了父亲几十年如一日地认真整理,时隔几日,我又在他"月份牌文章"相关文件夹中发现了"沪上半淞园专题"。结合日记、图像等,终于

2018年11月20日在上海花园卧室

挖掘觅得这篇《1925：半淞园画友合影照之谜》（原稿、修订稿、定稿三篇及图片、学术资料若干）。当时，真有突入桃花源，柳暗花明之感。兴奋之余，立即发送丁夏老师、樊东伟老师此文，询问是否见过或发表过。答复："很有意义的文章，大概率没有发表过。"于是，我联系了《海派》陈子善主编、黄晓彦编委，希望家父这篇遗作能在他未完事业之《海派（第3辑）》上刊载。我也提了一个不情之请，写一篇文章发现过程的短文纪念我的父亲。

  百年前的上海半淞园群星璀璨，一群月份牌绘画大家齐聚一堂，留下的合影成为美术史上的重要文献，纷纷予以引用。家父在一百年后，抽丝剥茧，通过蛛丝马迹挖掘出照片之后的历史，解开当时的谜团。父亲过世，我能够在家父友人的提点和帮助下重新发现这篇文章，实乃幸运。过程中我也深深地体会到父亲做学问的认真，感受到还原历史的乐趣。自从自己成家立业之后，总觉得和父亲交流得少了，而现在只能通过他留下的日记、文献和他交流了。此刻，我在屏幕的这头，父亲在文字的那头，仿佛回到了二十多年前家里的那张大书桌旁，我在书桌的这头，父亲在书桌的那头。

我的上海朋友张伟先生

谢其章

1月11日,我患新冠肺炎一个月整,除了咳嗽之外好像并无啥大碍,各路朝野专家不停地说"只攻击嗓子不及其余",我惟有深信不疑。好久没有出门了,远门近门都不出,11日这天偏偏安排去西四牌楼一带走走。头晚没熬夜,两点提前睡了,偏偏早晨五点、六点、七点连续三个中国香港电话(8字头11位),我拉黑一个,对方就换一个号码,懒觉睡不成了。也许很多人跟我一个习惯,起床之后三步曲——刷牙洗脸看微信。一看不觉一惊:"海上著名学者张伟先生凌晨3时12分逝世!"不但心惊,还迷信起来,那三个催魂似的电话莫非……

我和张伟先生只见过一面,那是十年前在王府井一家饭店,在座的还有刘福春、姜寻、赵国忠几位。为了确凿,翻查了日记:"二〇一三年十二月十二日,周四,冷。下午四点半乘车去王府井书店,开车怕找不到停车位。天色凄惨,冷风袭人。于王府井北口下,时间还早,先进百货大楼转一小圈,多少年没来了。步行街,我也极少来过,虽然是城里人,可是感觉很生分。于王府井书店见到柯卫东、赵国忠、刘福春,上海图书馆张伟先生第一次见面。张伟选的上海馆子,他点了很多的菜,甚合我口味。姜寻很晚才来,称正忙于策划'煮雨文丛'第3辑,作者有张伟、陈子善等。"记忆里漏了柯卫东,还得靠日记。《海派》创刊之前,陈子善、张伟跟我们几人约稿,其中有柯卫东。《海派》第2辑也约了柯卫东却没见刊,张伟微信告诉我柯卫东交稿迟了,只好发在第3辑。初见张伟先生,印象是一位讲究品位的人,衣着精致,谈吐文雅,相形之下,我们北方人粗粗拉拉却以豪爽自诩。

初面之前的十来年,我即知道张伟先生的大名。那一年,天津百花文艺出版社编辑约我写老漫画书稿,在电话里聊来聊去就聊到张伟了,正好张伟在百花文艺出了本《尘封的珍书异刊》,编辑马上送了我一本。这书内容非常对我路数,早先刘福春聊天时提到过张伟,称张伟的电影说明书收藏独步天下。我羡慕张伟的地方倒不在电影说明书而是他的眼福,张伟供职于上海图书馆近代文献部,那得看过多少宝贝呀。

张伟送本文作者的签名本

1980年起,张伟在上海徐家汇藏书楼工作了16年,收藏圈应该都知道徐家汇藏书楼所藏近现代报纸杂志的"厉害"。张伟说:"我说的是1949年以前近代的。报纸有大概3700多种,杂志是18000多种。我待了16年可以说是打下了一个很好的基础。""可以说把我能够看到的报刊都看了,然后做了许多相关的笔记。"午休时间两小时,张伟钻(反锁)到库房里面大看报刊,不以为苦,反以为乐,称"老鼠掉到米缸里"。换成另外一个人,也许就把工作和兴趣分开,绝出不了像张伟那么丰富的成绩。

徐家汇藏书楼在我心目里是清末民初报纸杂志的圣殿,张伟在那里如履平地饱览文献,我只是从照片里一窥圣殿内景,好一派西洋藏书室的别样风景。像我这样痴迷于清末民国报纸杂志的社会闲散人员是没有机会进入期刊室或库房的,"只可远观不可亵玩焉"。我的命系于旧书摊或旧书店开放的书架上,一本一本地踅摸,一本一本地积攒。就某一个点来说,我和张伟是同命不同运(相同的爱好,不同的时运)。

在张伟生前我想过,与上图相差无几的大图书馆为什么就没有催生出第二个张伟。张伟堪比等身的著编使得我们间接地享受了大图书馆的宝藏,书比人长寿的意义或即于此。张伟的生命停止在第67年,按照当代的标准张伟少活了20年,谁知道天假张伟20年,他还能出版多少个人著作,编出多少像"海派文献丛录""近代报刊文献辑录丛书"这样的大手笔。

张伟乐善好施，记得他编著的图书中只有《唐大郎文集》因为定价昂贵没有送我，张伟还在微信群里连连向我们抱歉，君子之风，永远令人感念。我和张伟有微信联络，最后一条微信是去年10月26日。我："张伟先生好，喜获三厚册老电影，谢谢。加上去年获赠的两厚册，堪称老电影全史，您功不可没，老谢坐享其成！"张伟："老谢喜欢，就是最大的成功。"张伟知道我喜欢收集民国电影刊物，我曾对张伟说："你当年在北京报国寺旧书摊淘到《中国电影年鉴》（1934年出版），把我馋坏了，上海人居然在我的地盘抢走了宝贝。"我还知道张伟主编过《民国时期电影杂志汇编》，汇编是航母级别的，167册，16万元定价。在上海，还有一位电影资料收藏家叫赵士荟，经常上电视，出过不少《寻访老影星》一类的书。我跟张伟聊起赵士荟，他说赵的电影明星签名照是强项。赵士荟的家就是"赵氏电影资料馆"，许多采访镜头在网络上尚可看到。差点忘记，在月份牌上我和张伟亦为同好，他见过许多实物，其中即有名贵的"中国第一张月份牌"，所见未广的我只有艳羡不已。

我和张伟最深入的一次聊天是在前年早春某日，那几天我正在折腾小屋，其实无论再怎么折腾也赶不上日益庞大的书堆。平生一无所长，但是在有限的空间里折腾出更多地方来安置图书，一般人可能没有我办法多，办法再多，如今也近乎极限了。那天正折腾着，张伟来微信聊天，我趁机向他诉苦，借机又推掉了一部他约写的关于上海老画报的书稿，张伟善解人意地答应我的爽约。担心张伟不相信我的苦衷，便给他发了几个折腾现场的视频，来证明我焦头烂额的实情，张伟连说老谢不容易。接着聊起了收藏，我说每年在买旧书刊上花费多少多少钱，跟张伟说的数一比，相距甚远，自愧不如。

如今张伟猝然离世，回顾交往中的点滴不禁悲从中来。永别了，我的上海朋友张伟先生。

无法忘记的影像

刘 钢

我相信全国有几十万个叫张伟的人,每个中国人或许都会认识或知道一位。我的手机通讯录里有6个名字叫张伟的,而最特殊的那个在上海。

每次来上海,张伟兄是我一定要去拜访的人。每次告知我已从驻地出发前往他家时,电话那边就会传来几个字:好,等你。而每次进屋的第一眼,就能看到桌子上已经沏好的、温度一定不凉不烫的龙井茶。据说他从不做饭,不过我在他家吃过一次热汤圆,可以算是一种幸运。

我比张伟小十岁,作为老电影资料的收藏者和研究者,我们之间有说不完的话,他是我真正的良师益友,我很爱戴他。我对老电影的收藏研究仅限于电影海报,而他的收藏研究比我要广得多、深得多。这自然与他一直在上海图书馆工作和受大上海文化的浸淫有关,但更多的是发自内心的热爱。

我知道张伟是从看他的关于老电影研究的几本书开始的,后来才知道他的收藏研究方向还有新文学与现代文学,年画与月份牌,海派的文化及名人等。作为海派文化大家的他在这些领域的重要性无需我讲,著作等身就是明证。

张伟对我有恩,我的两本关于老海报的书都是他奔走介绍出版社和编辑的,他还亲自写序,介绍我。他的热情,从我和他这几年的每一次交往中都能直接感受到。

记得十几年前我得到了一批名导桑弧遗存,其中有几张是1947年桑弧在张爱玲的公寓为张爱玲拍照的底片。该照片底片为首次发现,桑弧生前也未见洗印出照

桑弧导演《不了情》电影海报

片。我为此写了篇文章《桑弧海报遗存》,收录在《近代电影海报探幽》一书中。我的文字比较简单,考据也不够充分,而他借用我提供的图片却写了一篇很有影响力的大作,洋洋洒洒上万字,发表于核心期刊《现代中文学刊》,其内容提要如下:

> 本文首次披露了导演桑弧遗物中的一些图像,并尝试以此解读抗战胜利后上海影坛的生态,包括文华影业公司的成立和活动,桑弧和张爱玲的特殊关系,以及他们在合作拍摄《不了情》和《太太万岁》过程中的种种经历,"文华"和金山的关系,以及张瑞芳参拍《金锁记》为何最终夭折?柯灵、佐临、曹禺、冯亦代、唐大郎、李玉茹、魏绍昌等人当年参与"文华"活动的一些特殊际遇等等。①

特别需要说明的是,从他撰写的文字中我可以感受到他对我特别在意,特别"尊重":

> 本文介绍的原藏自桑弧先生的这批旧物,现由北京的著名收藏家刘钢先生收藏,其中包括照片、文稿和电影海报等文献,都具有独一无二的特性,其文献、文物价值,自然无需多说。之所以确定这批东西出自桑弧先生旧藏,除了原卖家介绍外,主要根据藏品中的桑弧旧物,包括一些文稿,尤其能佐证的是一部题名为《鸳鸯蝴蝶》的剧本原稿。……刘钢先生所藏的这部《鸳鸯蝴蝶》剧本,书写在当时通用的练习簿上,封面并钤有一枚"桑弧"的朱文印章,剧本字迹和外间所常见的桑弧笔迹完全一样,其真实性毋庸置疑。②

最令我感叹的是张伟的这篇文章早就写好,而他偏偏要等我这本书出版、这批底片首发问世后才发表。这就是"不夺人之美"的翩翩君子。

得知张伟先生1月11日凌晨去世的消息后,我一直想不通:这个病我们都得了,怎么偏偏他走了?他不该走,不需要他走……

先生是在土山湾画馆文献展的筹备中因劳累染病而倒下的,他是为海派文化奔走而倒下的,他的身躯倒下了,而他的精神将永远激励后人不断前进。

---

① 张伟:《桑弧遗物中几帧图像的释读——关于张爱玲及其"文华"》,刊《现代中文学刊》2019年第5期,第95—103页。
② 张伟:《桑弧遗物中几帧图像的释读——关于张爱玲及其"文华"》,刊《现代中文学刊》2019年第5期,第95—103页。

书帏小阁刚容我

孙莺

2018年,我请孔另境先生之女孔海珠老师来闵行区图书馆做一场关于鲁迅的读书活动,海珠老师向我极力推荐上海图书馆的张伟老师,说他是研究近代上海史的顶尖专家,学识渊博,见多识广,尤其在近代上海电影史领域深耕多年,成果斐然。

那时,我正巧对画家兼导演的但杜宇感兴趣,想请教一下张老师关于但杜宇弃画从影的经历,遂与张老师联系,请他来闵图做讲座,张老师一口应承。我提出,想上门去拜访他,他亦表示欢迎。

2018年3月22日,我带着自己参与点校整理的《董传策集》和《清芬集》两本书,前往张老师所居之上海花园。车刚到小区门口,张老师已迎在路边。我至今还记得那一天的午后,有斜斜的阳光,有微醺的春风,有黄色的迎春花,还有一只白猫,蹲在草丛里。

当我问起但杜宇的"百美图"时,张老师大为惊讶,连发三问:"你怎么知道但杜宇是画家?你在哪里看到他画的百美图?你为何对但杜宇感兴趣?"我说,我多年来关注但杜宇,很想编一本但杜宇的年谱。张老师摇摇头,说要编但杜宇的年谱,绝非易事,倒不如先写一本但杜宇的人物传记。

由但杜宇谈到殷明珠,再提及张织云和杨耐梅,那一天,我和张老师一直聊到日暮时分。张老师对中国电影史的熟悉程度,令我叹服,我提出的所有问题,他都能予以解答,甚至连我痴迷甚久的西域古代造纸史,他也能说出一二。

心理学上有一个说法:"当你和一个人相谈甚欢,一见如故时,那是因为对方的段位比你高,他在向下兼容你。"可能有点道理吧,至少第一次见张老师,我就有一种"与君初相识,犹如故人归"的感觉。

某次,我在孔夫子旧书网上买到了一本落款为"罗衣寒"的有题跋的民国旧书,查出此人来历,颇得意,特向张老师炫耀了一下。结果张老师一声不响,甩出他收藏的几册签名本。我看了半天,亦一声不响,收书回家。

第二天,我郑重其事地向张老师提出拜师,愿此后执弟子礼,终生事师如父,并向我的好朋友预定了一对手工柴窑的粗陶杯子送给张老师,作为拜师礼。杯子上各有一句诗,"书帏小阁刚容我""花背斜阳最可人",这是张老师最喜欢的两句诗,出自清代皖派篆刻家吴让之①。所谓"书帏小阁刚容我",是写心胸之宽广,即"开卷神游千载上,垂帘心在万山中";"花背斜阳正可人"则与"墙角数枝梅,凌寒独自开"同义。这两句诗,正是张老师一生之写照。

2018年5月,张伟老师(左一)来闵行区图书馆作讲座,作者与其在海报前合影

入张门后,每个星期我都会去张老师家上课,虽是讲近代上海史,涉电影、话剧、土山湾、小校场年画等,然课程无定,兴到为之,讲到哪里算哪里,且往往以实物为主。如讲土山湾画馆,张老师会拿出他所收藏的原照、画册、手稿给我看。土山湾画馆主任刘德斋的诸多手稿,以及当时尚未考证出属于何人的家族相册等,均得以上手摩之。张老师认为从事近代文献研究的学者,如果没有见过实物,没有看过原照,学术研究是有缺憾的。正因如此,张老师收藏了大量的近代文献资料以及照片,以供学术研究之用。他说:"我收藏范围比较广,就是这原因,懂得这些东西的价值,不忍它们堕入风尘,总想靠自己力量挽救一些,实际也救不了多少,一介书生能有多少力量啊。"

而我与一般的学生亦不同,上课时,我喜欢打断张老师的话,表述自己的看法。这一点,张老师颇为欣赏。张老师说,一个好的学者,必须具备理性、逻辑和实证,同时,感

---

① 吴让之(1799—1870),清代著名篆刻家、书画家。江苏仪征人,晚年流寓泰州。原名廷扬,字熙载,后为避清穆宗爱新觉罗·载淳讳,改字让之,也作攘之,号让翁、晚学居士、方竹丈人、难进易退学者等。斋堂为晋铜鼓斋、师慎轩。篆刻初宗汉印,后师法邓石如,参诸己意,风格渐显。篆刻外,精诗文、书画、金石考据之学。存世有《吴让之印谱》、《晋铜鼓斋印存》四卷、《师慎轩印谱》、《吴让之手批印存》及《鲍瓜室词》、《通鉴地理今释稿》十六卷等。

性、直觉和热情也必须具备,缺一不可。很多灵感,正是在这种互动式的上课过程中显现的,比如《咖啡文录》和《近代上海咖啡地图》二书,就是在谈及海派文人与京派文人的嗜好差别时想到的选题。

至于《近代上海影院地图》的成书,亦是因外界对于上海最早放映电影之地时有争论,虽然学界早有定论。我说,要不编一本影院地图吧,从上海有影院始,至1949年止。张老师激将:"编这书是要下功夫的,近代电影期刊每一本都要翻过,大报和小报上的影院广告也要梳理,不坐十年冷板凳,休想!"

我还就偏偏吃这一套。那段时间,除了吃饭睡觉,我几乎所有的精力都放在了近代电影文献中。我所在的闵行区图书馆所收藏的近代文献,无论是数量还是种类,在上海的区级图书馆中都是数一数二的,且正好是我所分管的部门。坐拥书林,有如此得天独厚的条件,还有一个悉心教导的老师,再不勤奋,真是愧对天地。

和张老师熟了,就开始没大没小了,看到好玩之文,总要发给他,如《万象》杂志主编陈蝶衣在专栏《绮疏草》中谈同文绰号:

> 捉刀人王小逸先生,为同文上诨号,呼谢啼红为"谢赛过",以"赛过"为啼红口头禅也。杜进高(阿稳)曰"杜说回",以杜恒有"话又说回来了"语也。此外汤修梅曰"汤浩大"。平秋翁则曰"平阿懂"。余更为小逸先生广其例,为《南腔北调》上尊号曰"余那能"。蒋九公曰"蒋铁正"。唐大郎曰"唐触那"。毛铁曰"乐脉"。本报陈主编曰"陈哼",以听公与人语,一"哼"字脱口而出。鲁家小妹见之,每称之曰"哼"而不名也。惟下走无口头禅,独付阙如。②

我说张老师和子善师是《海派》杂志的主编,亦可称为"张哼"与"陈哼"。张老师立即回敬我以"茑哼"之名号。

此"茑"字,亦有一个笑话。

某次不知怎的,说起篆刻。张老师说他年轻时曾自学过,而且是下过功夫的,说着,还取出他20岁时临摹的印文给我看。我亦颇为自得,说读高中时,有个暗恋我的男生曾替我刻过一枚章,用的石头很特别,是将一块石头在地上摔碎,然后取一块将其中一

---

② 蝶衣:《绮疏草·同文绰号》,《社会日报》1942年2月7日。

面磨平,以白文小篆出之,所以此印章是一个不规则的石块。张老师便让我下次把印章拿来给他见识一下。

待印章在手,张老师仔细看了,忽然大笑,问我:"这章你用了多少年?"

"很多年了……"

"哦,原来你叫孙莺啊!"

这才知道,这枚章的篆文"莺"字少了一个宝盖头。

后来,张老师请他的挚友刘葆国老师,替我刻了一个名章和几枚闲章,然亦时常揶揄我,动辄取笑我的"莺"章。上海开了茑屋书店,张老师力劝我去维权,说茑屋书店不打招呼就抢了我的"莺"字。

"哼!"

2021年,作者与张伟老师(右二)在淮海路上的乔咖啡馆作讲座时,为读者在《咖啡文录》上签名

在学术上,我是张老师的学生。在生活上,张老师是我的学生。有一段时间,张老师家的天花板上有一只老鼠,上课时,总能听见老鼠吱吱叫。很多年前,我当过对外汉语老师,教过一个印度学生,从他那里,我学会了猫的各种叫声,即动物学家所说的猫语。所以只要天花板上的老鼠一叫,我就学猫捕鼠的叫声,老鼠就再无动静,直到我走。张老师大感惊异,我说:"拜我为师吧,我教你。"张老师果然恭敬倒了一杯茶给我,师生互拜。

每次上完课,我总会陪张老师在上海花园小区里散散步。这是一个别墅区,居民多为外籍人士,人极少,很安静,流浪猫有十几只。自从学会猫语之后,小区里每只猫都认得张老师,一见到他,就"喵喵"地和他打招呼,还会排队跟着他走一段路。有一只胖黄猫,每天下午蹲在张老师厨房的窗外,"啪啪"地拍窗,"喵喵"地叫,张老师也"喵喵"地回答它。一人一猫,隔窗交流,很认真。虽然我常说张老师的猫语学得不像,是洋泾浜猫语,但这些猫是能感受到他的善意的。张老师的猫缘很好,胜过我。

我还教会了张老师用手机点外卖,用支付宝转账,用微信付款,以及无事刷刷小红书和淘宝。张老师学会了团购,只是常常被团长忽悠,买一堆"垃圾零食"回来。我每次去张老师家,常翻他的零食堆,过期的、有防腐剂的、高糖的、含反式脂肪酸的,都被我拎出来扔掉,对他说:"血糖啊,要控制你的血糖!"后来,张老师把零食如薯片、蜜饯、奶油饼干都藏起来,不让我看到。然而,我总能发现他东塞西藏的零食,我一声不响,看着他。他一声不响,不看我。

我从小挑食,唯嗜大闸蟹。张老师亦同嗜。所以每到秋风起,我每周都会带着大闸蟹去看张老师,半斤一只的蟹,我俩能各吃五只。2022年,上海疫情防控,直至12月初才放开。这一整年,我和张老师都没有吃过大闸蟹。

2023年1月4日,在康复医院ICU病房中,张老师忽然对我说了一句话:"安妮啊,今年我们还没吃过大闸蟹……"这是张老师留在人世的最后一句话。

我想,此生,我再也不会吃大闸蟹了。

张老师曾送我一句话:"要有能做自己的自由,和敢做自己的胆量,与安妮共勉。"

好的,我记住了。

那些时间,那些面孔
——忆张伟老师

汤惟杰

一

"张老师,有想要明天来的朋友问,侬喜欢吃榴莲哦?"

"不吃这个,有书即可也。"

翻出跟张伟老师的微信,去年 9 月 10 日下午我们是以这两句开始聊起的。那之前,友人想要查找石挥 20 世纪 40 年代初的一部舞台剧资料,遍翻石挥全集却未有查获,于是,我便代为向张伟老师请教。他对这段上海戏剧史十分熟稔。电话里张老师答复说,这个时期的上海话剧演出很是兴旺,剧目颇多,但剧本如果未经出版,留存下来的可能性就很小。

"不过,我有这部戏的戏单,上面有本事、演职员表,还有创作人员谈艺录和短评,你问问那位朋友对这些有兴趣吗?"

不用问,连我都有兴趣啊!赶紧跟张老师约定,在他最近有空的时候我们去他府上拜访,一探这张宝贝戏单,于是定下了 9 月 11 日登门。

"张老师,我们要来给戏单拍照的哦。"电话里我"得寸进尺"起来。

"没问题,尽管拍,尽管拍。"张老师一向大方,我朋友有些过意不去,跟我商量怎么聊表感谢之意。

"那,就请你朋友送我一本他小说的签名本吧。"

——想了半天,还是书。

本文作者到张伟(右一)府上请教

到了临去张府的前一天,又有两位友人强烈要求加入,还打算用好吃的"贿赂"张老师,蹭他收藏的宝贝看,于是有了开头的那两段微信。

"只要大郎引领,无有不可也。"张老师顺势幽了我一默,他是编《唐大郎文集》的,这个谐音梗,我懂。

第二天,我们一进门,张老师已把他的戏单、电影期刊、影剧说明书和老照片在客厅长桌上铺了满满一台面。整整一下午,我们几个听他如数家珍般细说这些藏品的身世。中间有时想起什么,他就跑进里屋翻出又一样宝贝来。就这样,我们在他家交流了足足四个钟头,直到跟他约了饭局的朋友上门来接他。

临走,我们跟张老师约好了,等天凉了再到他家来"鉴宝"。

二

"阿汤,侬猜猜看,我这两天又觅到啥了?"这是张伟老师与我电话的常用开头。

自然是经常答不上来,也不等你回答,他就开始讲如何在孔网上跟竞价对手斗智斗勇惊心动魄的故事,当然,也不乏被人横刀夺爱的那份心疼。以我这些年的观感,张伟老师的电影资料收藏,是另外半部尚未写出的中国电影史。

我跟张老师的交往,可以用"因电影结缘"这样一个标题。大概在 2007 年或 2008 年,有一次,跟老同学毛尖聊起上海电影史的几种著述,提到了张老师,"我们认识的呀,"毛尖爽快说道,并很快翻出一个电话号码,"侬要找啥资料就问他,他最熟了。"没过几天,我就拨通了电话,数分钟后,几种老上海电影期刊现存状况的细节便悉数弄清。

之后不久,经入职上海图书馆的友人薛亮君的介绍,去馆里拜访了张老师,那是我们第一次见面。在他那间书天书地的办公室里,我们聊到了他当时正在整理的早期电影期刊的那套"汇编"。张老师颇为自豪,告诉我这套汇编将全部采用高清彩色扫描图片印制而成,将中国电影史方面最重要的 70 余种期刊收罗其中。

2014 年,张伟老师和我都参与了"虹口近现代电影史料整理"项目的编撰工作,那两三年里,几乎每隔一两个月大家都会在曲阳影视文献馆开会,我也带了曲阳馆的年轻工作人员去上图请教过他数次。谈工作的间隙,他也时常跟大家聊起自己最近收藏到

《海派》主编陈子善(右一)、张伟(左一)向朱枫(右二)、本文作者颁发编委聘书

哪些稀罕的书报、电影特刊、戏单和照片。

上海电影评论学会成立电影史专业委员会后,张老师给予了鼎力支持,专委会成立之初的首次活动,便是以他的电影收藏为基础举办的展览。之后,他多次参加了专委会组织的讲座。2020年底,他与陈子善老师共同主编的《海派》丛刊项目启动,我与电影评论学会朱枫会长一起受邀聘为编委,可见其对电影史研究的重视。

许多人眼中的那些发黄的纸张,在他眼中则有活生生的人于其中跃动,那是一桩桩呼之欲出的故事,有的,他已经告诉了我们,而更多的,他原本打算告诉我们。

三

去年11月20日,上海影评学会在曲阳影视文献馆举办的"中外电影邮票展"开幕,许多嘉宾到场,张伟老师也兴致勃勃地来了。在茶歇时,他聊到12月积了好些事情要做,要为《海派》丛刊编稿审稿,要参加复旦大学博士研究生的答辩会,要看顾铮教授策展的丁悚文献展,最吃重的是要为年底开幕的徐家汇书院策划一个土山湾画馆的文献展。那天大家相约到时去看展,由张老师亲自导览。

现在想来,这是跟他的最后一次见面。

元旦当天,我跟张老师还在微信里互相贺年。直到5日陈子善老师在群里告知张老师住院的消息,之后几天传来的消息让人揪心,但朋友们仍然抱着一线希望。

在那一周里,过往的点滴细节时常会不由自主地冒出来:

不会做饭的张老师,他的厨房也许是全小区最干净的,基本上是个用来煮开水的"茶水间";爱美食的张老师,邀上二三知己吃个饭,或受邀参加神仙饭局,在他都是乐趣;每年初春都要跟一批茶友约了去杭州寻觅上好的明前龙井,"新茶买回来不要马上喝,要放冰箱里头存一个月退退火气,之后才是好的"——这是他亲授的茶经;除了茶之外,他只喝冷饮料,尤其是冰啤酒,冬天也如此。

不认路的张老师,说起来好玩,每次有活动或者聚会,他总是打的来回,因此他手机上的叫车软件用得比我们都顺手;有一次,他聊起20世纪70年代他曾经花费700元巨资买了一台摩托车上下班。"可是张老师,你平时不是不认路的嘛,怎么能骑摩托车呢?"我问他。他答:"啊,反正我只骑上下班那一条路,其他地方我不去的。"哈,张老师侬是对的。

四

2023年1月11日,张伟老师逝世当天的下午,我来到徐家汇书院,在三楼他生前策划的最后一个展览"传承与影响——纪念土山湾画馆诞生170年艺术文献展"的展板前献了花,以寄托哀思。这束受陈子善老师和朱枫会长委托而献上、代表《海派》编委会和上海影评学会的鲜花,应该是送达现场的第一束,随后的几天里,各界友人的献花纷至沓来。

走出书院,阳光有些刺目,抬眼望去,隔着天主堂广场绿地,对面就是徐家汇藏书楼,突然想起张老师曾在此工作了16年,并将这里视作自己一生事业的起点。如今,几步之遥的徐家汇书院中,他所策划的展览正在进行。这冥冥中的安排,让人不胜感慨。

从藏书楼边上的地铁入口进入,光线暗淡下来,眼睛在几秒钟的不适之后重新又看清了近旁,有位著名的美国诗人曾经面对这匆匆而过的行人写下这两行诗:

"人群中这些面孔幽灵般显现,湿漉漉的黑色枝条上的许多花瓣。"

张伟老师,有无数面孔曾经隔着时间向他显现,他曾经指点了其中的许多给我们,如今,他也成了这无数面孔中的一个。

张伟的"海派情结"

黄晓彦

  法国作家普鲁斯特在其名著《追忆逝水年华》里说:"人们在时间中占有的地位,比他们在空间中占有的位置要重要得多。"人在时代里消磨,而其所作所为,则由时间来保存。唐大郎保存下来的,就是他写的这些文字以及人们至今还对他的怀念。让我们打开这本纪念集,来看看当年的"江南第一枝笔"留下了些什么吧。

2019 年 6 月 25 日晨于上海花园①

  2023 年 1 月 11 日,张伟先生因病逝世。"张伟兄是上海图书馆研究馆员,海内外著名的中国近代文献、海派文献研究家,学养深厚,著编等身,是'海派文学大系'编委、《海派》主编……海派文化研究遭受了一个重大损失……"(陈子善先生语)。我作为一名出版工作者,有幸与其有诸多接触,他是我的良师益友。这里结合与其交往中的点滴,谈谈其海派情结,一窥其心目中的"海派世界"。

一、相识缘于"海派"

  2017 年,我策划了"海派文丛"选题,内容涵盖上海文化与城市社会方方面面,其中一个子选题涉及海派年画与习俗,调研中了解到上海图书馆张伟是上海小校场年画研究专家,应为最佳作者人选。

  有了目标作者人选,我就开始想办法联系。一次,我与老友钱乃荣教授说起张伟,他立即表示与张伟很熟悉,且是老朋友,并把他的联系方式给了我。

---

① 张伟:《他在时间里留下了些什么?》,见《唐大郎纪念集》,中华书局 2019 年版,第 517 页。

二、初谈话题很"海派"

初次通话,很是投缘

2017年10月26日中午,我拨通了张伟的电话。或许由于钱教授与他沟通过,我俩相互已有简单了解,寒暄之后我就直奔主题。

首先是约请撰写《上海之未来:晚清民国的集体想象》。我从网络上了解到,张伟曾经做过相关演讲,内容很有趣,希望他能充实一下,撰写成书并正式出版。他对我的提议总体认可,也基本答应,但表示:因为这是脱稿演讲,成书的话还需要一定时间进一步完善。

其次是约请撰写《海派年画与习俗》。这个选题一提出来,他就表示很对他的研究路子,当场爽快地答应下来。不过他认为书名过于直白,建议改为《海派年画与近代社会》。

因为聊得比较投缘,他意犹未尽,又介绍了正在着手的唐大郎专题研究,并给我详细介绍唐大郎。唐大郎是唐云旌的一个笔名,此人为上海滩著名报人,享有"江南第一枝笔""小报状元"等盛誉。他的文章贴地气,内容短小,十分受当时民众欢迎。对于唐大郎文章价值的评价,张伟引用夏衍先生的话:大郎写文章骂人,不是为骂而骂,他有他的主见。唐大郎所撰文字,已发现的有300多万字,生前未出版过作品集(病逝后仅仅出版过一本小册子《闲居集》),张伟表示计划精选一两百万字作品整理出版。

在这之前,我从未听闻过唐大郎,经张伟一介绍,我立即对这个选题萌发了浓厚兴趣,选题社会效益极大,且属于上海文化范畴,是我重点关注的出版领域。实话说,从内心来讲我对此选题也没有十足把握,毕竟是"新生事物",未来市场也不可知。不过缘于出版初心,我还是表示十分支持该文集的编撰,并希望可能的话由我所在的出版社出版。

本文作者与张伟首次通话的日记(2017年10月6日)

另外张伟还透露,他正在撰写《唐大郎与他同时代的人》,用今天的话说就是"唐大郎的朋友圈"。了解唐大郎后,我对此选题亦很认可,并表示如果有机会,希望参与其中推动出版。最后,他还聊了聊自己对明信片、戏单、招贴画等的兴趣。

我俩之前素不相识,电话一线牵,让我真切地感受到电话另一头张伟的平和宽厚,学识很渊博,是一位海派文化研究大家。

初次见面,从此结缘

电话接触后我俩成了"知音",于是又约定方便时面对面详谈。2017年11月14日下午一点半,我与钱乃荣、张伟相约徐家汇美罗城星巴克小聚。这是我与张伟首次谋面,虽然网络上也看到过他的影像,但这次可是亲见"真容"。他体态微胖,头发灰白,戴着眼镜,给人感觉福气满堂,学者风范十足。钱教授简单介绍后,我们就点了咖啡,直接到户外露台落座。

坐定,即直奔主题。他提出"近代名物典藏"选题,我当即表示认可。"典藏"内容涉及明信片、藏书票、戏单(各剧种)、历史照片、说明书等。他进行了详尽的说明,包括未来如何推进、原则的把控和撰写的要求等,尤其强调:撰写者均为学者型专家,为该领域的权威;文字内容与图片多为首次披露,且是对存在物(典藏)的深刻文化解读。令我吃惊的是,他十分清楚目前出版市场现状,也十分理解出版社当下处境。他很为出版社着想,希望这套丛书能一炮打响,且出版社不亏本,他自己对稿费没什么要求。

接着,他再次就之前电话中谈及的《唐大郎文集》进行了详细说明:一是关于唐大郎的身份,此人历史清白,远离政治,所以出版其作品不用忌讳;二是唐大郎接触的人多,其中很多都是名家,为人物研究提供了一个新视角;三是其文集内容体裁多样,包括散文、诗歌等,尤其打油诗更是别具一格。此外,还谈到如何让社会知晓唐大郎,从而有助于文集推广,比如可以先出一本纪念集,让更多的读者对其有所认知[2]。

---

[2] 在《唐大郎文集》出版之前,先出版《唐大郎纪念集》,也是我们的计划之一,毕竟,在目前的情况下,知道唐大郎的人并不多,能买得起、读得完文集的人也可能不会很多,那么,这本《唐大郎纪念集》就是一个很好的桥梁。参见张伟:《他在时间里留下了些什么?》,《唐大郎纪念集》,中华书局2019年版,第514页。

针对《唐大郎文集》体量大、投入多的问题,他建议申请出版基金。因为唐大郎长期受上海文化浸润,是上海名人、报界传奇(《新民晚报》元老),加上他接触的名家众多,可以极大地拓展研究名家的视角,其作品出版价值很大,具有申请基金扶持的可能性。

张伟介绍得如此详尽,又很为他人考虑,这次见面让我更深切地领略到大家的涵养和风采。他思路清晰,逻辑缜密,且熟悉出版行业。一次小聚,终生受益,自此我俩无话不谈(可惜当时只顾聊天,未能留下影像。我更深切体会到张伟图像文献研究意义之大)。与他结识、合作是缘分,更是福分。

三、出版合作始终"海派"

从初次通话到初次见面,我俩开启了有关海派文化的出版合作。自2018年起,张伟的不少作品由我经手编辑出版。

收藏与治学相结合,策划主编"海派名物典藏"丛书

首次会面时,他提出"近代名物典藏"选题,为凸显上海特色,出版时更名为"海派名物典藏"。了解张伟的人都知道,他不仅擅长治学研究,同时也是一位大收藏家,且涉及领域广泛。他通过收藏助力治学,通过治学拓展收藏,堪称将收藏与治学完美结合的楷模[③]。

"典藏"丛书由张伟全程策划并主编(目前已出版5种),是对文化遗存的深度文化解读,内容多为首次披露,且延续了他多年的著编风格——左图右史,具有重要的文献价值。丛书到底说什么,张伟在《近代影剧说明书探幽》的"前言"中交代得很清楚:

> 我们这套丛书叫"海派",自然,首先要落实"海派"两字。拙书中写到的人和事,事情都发生在上海。……说到"典藏",自然要有物,写典藏,就是要从物着手。

"前言"中他还写道:"说明书是我收藏的电影文献中最值得骄傲的品种。"他曾在

---

③ 黄晓彦:《忆张伟:他是收藏与治学完美结合的楷模》,《藏书报》2023年2月13日。

采访中就电影史谈及："就收藏领域讲,说得夸张一点,我可能是这方面收藏的全国第一。电影方面,是我下的功夫最久,收藏最多,很多藏品连公藏机构也没有。"因此,由他撰写《近代影剧说明书探幽》并纳入"典藏"丛书顺理成章。该书为国内首部关于近代影剧说明书研究的专著。

纳入"典藏"丛书的还有他的另一部作品《近代日记书信丛考》。"书中文字无论长短都有他的独特视角、独家发现和独到见解,填补了中国近现代文学史、艺术史和学术史研究的若干空白,不仅充分显示了日记书信研究的重要性和必要性,也生动展现了近现代文学、文献学的魅力。"这是陈子善先生在该书"序言"中的评价,其学术价值可见一斑。

挖掘整理海派文献,策划主编"海派文献丛录"等

海派文化代言人——"小报状元"《唐大郎文集》首发式暨研讨会上,张伟作《唐大郎人生影像及文集概貌》报告(上海书展,上海展览中心友谊会堂,2020年8月18日)

张伟供职于上海图书馆,从事文献研究整理30余年,为中国近代文献、海派文献研究专家,在文献整理领域当仁不让,由他主持、由我编辑出版的大型文献主要有两套。

一是汇编整理的《唐大郎文集》。张伟早年就特别关注唐大郎,在汇编整理过程中,他为查阅小报险些视网膜脱落,可见他对此项工作的专注与热爱。文集版面字数500万字,计12卷,是一部连续几十年的私人观察史,提供了研究海派文化、市民文化和近现代名家的新视角,是现当代新闻史的重要补充。唐大郎生前挚友、著名画家黄永玉先生得知张伟在忙此事,专门写信致谢:"听说上海有个张伟在忙这件事,自然产生了尊敬和企望……"(2018年12月18日)并欣然为文集题写书名。

《唐大郎文集》最终花落上海大学出版社,背后有很多"花絮"。该书在编撰出版过

程中，北京、上海的几家知名出版机构都曾向张伟争取，并开出优厚条件，但张伟认为，该书首先是与我谈及并获得出版意向，所以该书必须由上海大学出版社出版。

二是策划主编的"海派文献丛录"（目前出版10种）。张伟心系海派，几年前就开始推动这项大工程，期望将"丛录"打造成一部袖珍版的近现代上海文化史，甚至世界社会生活史的缩影，从而有利于从新的维度拓展海派文化研究空间。目前"丛录"陆续出版有咖啡系列、电影系列、新闻出版系列。其中咖啡系列的出版，填补了我国早年有关咖啡记载的诸多空白，助推上海咖啡文化节设立和开展，近两年咖啡节的宣传报道、文化展示的内容不少源自该系列图书。已出版的"丛录"中，电影系列体量最大，内容涉及影院文录、影人、影院地图等，一定意义上是张伟作为海派文化大家的一个缩影。新闻出版系列同样秉持此种理念，挖掘整理早年文献，填补研究若干空白。

"海派"有看头——《海派》及"海派文献丛录"分享及签售。此为张伟（左二）参加的最后一届上海书展（2022年11月19日）

2022年上海书展，张伟接受媒体采访

拓展海派文化专题研究，推动"海派文化探索书系"出版

"海派文化探索书系"定位为海派文化专题，但不是专题学理研究。该书系最早由张伟介绍并出版的是复旦大学徐静波教授撰写的《魔都镜像》(2021年版),这是关于近代日本人的上海书写(1862—1945),有文献支撑,实际上就是外国人眼中的早年上海。

第二本则是由他自己撰写的《海上花开:月份牌历史与艺术》。该书全面论述月份牌制作的八大名家、四大机构,收入两百幅精美图像,左图右史,是国内第一部详尽探究月份牌历史与艺术的学术性专著。

"海派月份牌"是海派文化中一个独特的艺术门类。对其专门深入、全面系统的研究,张伟老师可以说是无出其右,独占鳌头!(一位收藏家的感言)

是目前所见月份牌研究最有水准、也最精美的专著。(一位北京大学教授的感言)

"探索书系"的主旨是以海派文化为专题,内容要求雅俗共赏,通过独特视角进行文化解读以展示海上文化史。张伟极具出版前瞻眼光,已经有所谋划并且提前布局,该书系将陆续跟进出版。

为海派文化摇旗呐喊,策划主编《海派》丛刊

我们希望出现一本这样的读物,介于纯学术读物和通俗读物之间的一种丛刊,《海派》就是这样的。——这是张伟对《海派》的期望与定位。《海派》为首部以"海派"命名的雅俗共赏的海派文化读物,内容立足近代上海开埠以来,发生在以上海为中心并覆盖江南一带,体现"海纳百川、追求卓越、开明睿智、大气谦和"的上海城市精神的有关人、事、物的文化解读,以助推海派文化的研究、传承与弘扬,旨在打造都市文化风向标。

作为海派文化大家,张伟与陈子善先生从《海派》的命名,到筹备、策划、定位,再到组稿、审稿各环节,一起谋篇布局。《海派》自出版问世就获得业界好评,如报刊收藏大家谢其章认为:"京派《掌故》海派《海派》的横空出世,大有取代'南有《随笔》北有《读书》'之势。"

《海派》目前已出版两辑,栏目多样,如:评论、日记与书信、人物丛谈、文艺漫话、口述实录、图像志、影剧圈、译海一勺、逛马路等。其中"名人专题"涉及的就有:郑逸梅、郑振铎、夏衍、丁悚、巴金、周瘦鹃、黄裳、李君维(东方蝃蝀)、邵洵美、舒新城、张石川、周鍊霞、周璇、刘海粟、徐朗西、刘旦宅等名家,收录的文章多由名家后人或该领域的资深研究者撰写,内容既有可读性,也具文献性,大大拓展了读者对海派的认知,也成为海派文

《海派》丛刊出版启动仪式暨出版研讨会合影,第二排右一张伟,第一排右一陈子善(2020年12月16日)

化研究的重要风向标。而如此强大的内容支撑,都得益于两位主编广博的学识、丰富的人脉和对海派文化的热爱,他们奔走约稿,四处宣传,为《海派》付出了大量心血。

这个阶段,张伟已经远远超出"专门学问家"的范畴,组织策划,振臂一呼,为海派文化研究、传播和弘扬摇旗呐喊。

结语

短短五年,张伟著编"井喷",仅由我经手编辑出版的作品就达 30 种,另还有今年计划出版的几部书稿正在编辑中。

张伟心系海派,著书立说,在小校场年画、土山湾、月份牌、电影史等众多领域开风气之先,是著名的海派文化研究者;同时,他受邀举办各类文化讲座,接受众多媒体专题访谈,相继主持"上海年华""民国电影""国际名流与近代上海"等多个学术项目,作为专家受邀参与论文答辩,参与策展等,是活跃的海派文化传播者;另外主编首部以"海派"命名的《海派》丛刊,为新时期大力弘扬上海城市精神摇旗呐喊,是忠实的海派文化

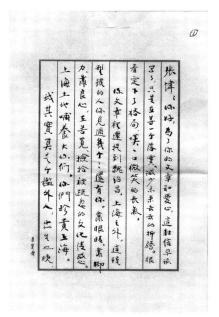

黄永玉给张伟的一封信（局部,2018 年 12 月 18 日）

弘扬者。张伟,"一个真正的少有的海派文化学者"（冯骥才先生在获知张伟去世消息后的感叹）。

几年前,黄永玉先生在知晓张伟忙于唐大郎文集的筹备出版时,曾致信张伟:"你文章里还提到魏绍昌。上海之外,这种型号的人你见过几个？还有你,靠眼睛、靠脚力、靠良心,在苦觅、捡拾被疏忽的文化情感。上海土地哺养大你们,你们珍贵上海。"

张伟,向您致敬！"上海土地哺养大你们,你们珍贵上海。"

张伟,您写的那些文字,将永远流淌在海派文化的历史长河中！

张伟著编书目

著作

《沪渎旧影》,上海辞书出版社,2002 年

《尘封的珍书异刊》,百花文艺出版社,2004 年

《前尘影事:中国早期电影的另类扫描》,上海辞书出版社,2004 年

《纸上观影录(1921—1949)》,百花文艺出版社,2005 年

《满纸烟岚:人物·书刊·电影》,上海教育出版社,2007 年

《昨夜星光灿烂》,台湾秀威图书科技有限公司,2008 年

《纸韵悠长:人与书的往事》,台湾秀威图书科技有限公司,2009 年

《谈影小集:中国现代影坛的尘封一隅》,台湾秀威图书科技有限公司,2009 年

《都市·电影·传媒:民国电影笔记》,同济大学出版社,2010 年

《土山湾:中国近代文明的摇篮》(与张晓依合著),台湾秀威图书科技有限公司,2012 年

《遥望土山湾:追寻消逝的文脉》(与张晓依合著),同济大学出版社,2012 年

《西风东渐:晚清民初上海艺文界》,台湾秀威图书科技有限公司,2013 年

《都市风情:上海小校场年画》(与严洁琼合著),台湾秀威图书科技有限公司,2014 年

《风起青萍:近代中国都市文化圈》,福建教育出版社,2015 年

《晚清都市的风情画卷:上海小校场年画从崛起到式微》(与严洁琼合著),学林出版社,2016 年

《纸边闲草》,广西师范大学出版社,2017 年

《近代影剧说明书探幽》,上海大学出版社,2018年

《海上张园:近代中国第一座公共空间》(与严洁琼合著),台湾秀威图书科技有限公司,2018年

《近代日记书信丛考》,上海大学出版社,2019年

《晚清上海生活史:小校场年画中的都市风情》(与严洁琼合著),上海科学技术文献出版社,2020年

《海上花开:月份牌历史与艺术》,上海大学出版社,2021年

《土山湾画馆人物志》(与张晓依合著),中华书局,2022年

汇编、编著作品

《廖崇群散文选集》,百花文艺出版社,1992年

《老上海地图》(与黄国荣、侯锦权合编著),上海画报出版社,2001年

《花一般的罪恶:狮吼社作品、评论资料选》,华东师范大学出版社,2002年

《书淫艳异录》(叶灵凤著),福建教育出版社,2013年

《张园传奇》(与严洁琼合编),同济大学出版社,2013年

《风华张园》(与王曼隽合编),同济大学出版社,2013年

《张园:清末民初的上海社会沙龙》(与严洁琼合执笔),同济大学出版社,2013年

《战地黄花(宣传画卷)》,安徽人民出版社,2015年

《唐大郎纪念集》(与祝淳翔合编),中华书局,2019年

《唐大郎文集》(12卷,与祝淳翔合编),上海大学出版社,2020年

《影院文录》,上海大学出版社,2021年

《影坛备忘录》,上海大学出版社,2022年

主编作品

《中国与世博:历史记录(1851—1940)》,上海科学技术文献出版社,2002年

《现代家庭藏书文化》(与黄显功同主编),上海科学技术文献出版社,2002年

《老上海封面人物》,上海辞书出版社,2007年

《上海图书馆藏历史原照》(与胡坚同主编),上海古籍出版社,2007 年

《中国近现代话剧图志》,上海科学技术文献出版社,2008 年

《大光明·光影八十年》,同济大学出版社,2009 年

《中国现代电影期刊全目书志》,上海科学技术文献出版社,2009 年

《国际名流与近代上海》,上海科学技术文献出版社,2011 年

《中国木版年画集成·上海小校场卷》,中华书局,2011 年

《民国时期电影杂志汇编》(167 卷,与周德明同主编),北京图书馆出版社,2013 年

《上海图书馆藏人物文献选刊》(与周德明同主编),上海古籍出版社,2015 年

《上海图书馆藏赴闻集成》(90 卷,与王继雄、严洁琼同主编),凤凰出版社,2018 年

《海派书画文献汇编》(3 卷,与黄显功同主编),上海辞书出版社,2020 年

《海派之源·红色基因》,上海交通大学出版社,2023 年

系列图书:

◆ 笔墨长城——宣传画里的中国抗战丛书,安徽人民出版社

《铁笔风华(版画卷)》《战地黄花(宣传画卷)》《匕首投枪(漫画卷)》,2015 年

◆ 海派名物典藏,上海大学出版社

《近代影剧说明书探幽》《老唱片经典撷英荟萃》,2018 年

《近代电影海报探幽》《近代日记书信丛考》《书画名物忆旧》,2019 年

◆ 海派文献丛录,上海大学出版社

《咖啡文录》《近代上海咖啡地图》,2020 年

《影院文录》《近代上海影院地图》《影人文墨》,2021 年

《近代中国影院地图》《影人忆旧》《影坛备忘录》《报人外史》《海上书局图文史话》,2022 年

《好莱坞在上海》《报人在上海》,2023 年

◆《海派》丛刊,上海大学出版社

《海派(第 1 辑)》(与陈子善同主编),2021 年

《海派(第 2 辑)》(与陈子善同主编),2022 年

《海派（第3辑）》（与陈子善同主编），2023年
◆ 近代报刊文献辑录丛书，上海科学技术文献出版社
《海派之源·近代巡礼》，2020年
《名家书单》《旧时书事》《旧时书肆》，2021年
《海派之源·人文记忆》，2022年
《旧时上海》《旧时北平》《旧时广州》，2023年
◆ 近代上海生活史丛书，上海文化出版社
《海上食记》《民国食谱》《名家谈吃》，2023年

张元济与海派神韵的继承和创造

邹振环

一

有关张元济(1867—1959,字菊生,尊称菊老)的研究汗牛充栋,但几乎没有从地域文化特色的角度讨论过其人格特质。他生前虽也去过欧美、日本,不过均属短暂的游历和访学,稍长的寓居首先是14岁前出生在广州和在开放的岭南环境中成长,岭南文化奠定了其一生事业的基础,除了变法维新时期在京的康有为和梁启超外,在沪南洋公学、商务印书馆任职时期的朋友有粤籍人简照南、简玉阶、劳敬修、李煜堂、潘澄波、伍光建等,都与其早年的广东生活有关。

浙江海盐是张元济的祖籍地。从1880年张元济回浙江海盐应举,到1892年考中进士进入北京,他在祖籍地与江南人文传统建立了深厚的联系。在家乡12年间,他走完了科举制度下接受传统教育的全部历程,江南培植了他重要的文化经脉。

1892年,26岁的张元济进京在保和殿复试中进士,虽然他一生在北京寓居的时间并不长,但帝都为他发挥才干和实现理想提供了重要的舞台,也是他第一次以国家视角的高度来考察中国的社会与文化。张元济壬辰科复试的阅卷大臣,是当朝军机大臣许庚身。他对张元济非常赏识,并以幼女许子宜相许。菊老在天子脚下开始努力学习英文,同时在北京宣武门象坊桥创办通艺学堂,他逐渐融入帝都文化,真正将京城作为一种风骨镌刻入自己的生命里。1892—1898年,他生活在大气恢宏的帝都文化中,领略了传承千年的文化,建立起世界视野,铸就了谨严、踏实、求真的京城风骨。大气恢宏的京城文化,使他增强了国家意识和世界眼光。

二

1898年戊戌变法失败，张元济受到"革职永不叙用"处分，不得不从京城转到上海。北京肃穆，多山多墙，满目青川，烟岚霞霭；帝都的山是雄浑的，风是硬朗的，是乡土而干燥的；北京是政治的中心，深沉厚重。而上海灵秀，是湿润的都市，是经济中心，属于市民生活的大本营；海派文化就是海洋文化，上海的水很深，表面低调无痕，所有惊涛骇浪都蕴藏在海底。若论京沪双城的个性，上海这座城市的分寸与温度复杂而微妙，很难描述与定义，上海最大的特点是海纳百川，呈现多元性、多样性、复杂性和混杂性，这些特点构成了魔都神韵的魅力所在。

张元济把在京城熔铸的求真求实风格和富有世界视野的眼光，带到了沪上南洋公学。在北京的那些年，他所体验的属于皇权和诸多权贵的"都"和更多与平民百姓相关的"市"的多元元素，使他发现了都市的民间社会和学界眼光向下的需求。在京城铸就的"世界意识"到上海则演变为开放的"世界主义"。海派文化既有江南文化的古典与雅致，又有国际大都市的现代与时尚。张元济最先在南洋公学主持译书事业，在沪创办《外交报》以传播最新的世界知识；江南文化中的开放包容、务实致用的基因在上海得到了淋漓尽致的发挥，江南的文化经脉使张元济与沪上石库门的印刷工匠阶层建立了密切的联系。商务印书馆的创办人夏瑞芳和高凤池是上海人，鲍咸恩与咸昌兄弟是浙江鄞县人，作为浙人的张元济，很易与这批报社和书局的印刷工匠产生一种天然的亲近感，是江南文化经脉推进了他们之间的合作。传统士大夫文化与近代印刷工匠文化的交互激荡，也是新海派文化的一个重要面向。

张元济致盛宣怀函（1900年4月29日）

商务印书馆在张元济主持期间，发展成国内首屈一指的现代化印刷企业，在出版规模上形成了"中""西""古""今"四个特色。所谓"中"，包括清末民国编刊的"宪政丛书""帝国丛书""说部丛刊""政学丛书""历史丛书""财政丛书""商业丛书""战史丛书""哲学丛书""大学丛书""世界丛书""万有文库""丛书集成"等。张元济 1903 年主持商务编译所,致力于网罗辞书人才,斥巨资编纂、出版各类权威工具书,如《新字典》《中国人名大辞典》《中国地名大辞典》,以及《植物学大辞典》《动物学大辞典》等自然科学专业学科辞典。1915 年,中国第一部新式辞书《辞源》问世,可谓开创了中国现代工具书的出版先河。

"西"除了编纂大量英文教科书,如《英文初范》《华英地理问答》《华英要语类编》《英语捷径》,以及《中英文典》《国学文编》《亚洲读本》外,还编译"严译名著"《原富》《天演论》《名学》等、"林译小说丛书"百余种。20 世纪 30 年代中期,他还约请伍光建为商务印书馆编选了一套"英汉对照名家小说选",为教育界提供了一套适宜于中学生学习英文的最佳读本。早在创立之初,商务印书馆曾于 1899 年和 1901 年相继推出《华英字典》《(商务书馆)华英音韵字典集成》《英汉大辞典》,三者中前者系广东台山人邝其照《华英字典集成》的改编本,出版后"几于人置一函";中者为绍兴人谢洪赉据德人罗存德(Wilhelm Lobscheid,1822—1893)《华英辞典》的编译本;后者是上海人颜惠庆(1877—1950)主编的在学界有着广泛影响的权威辞书《英华大辞典》。在清末民初知识大爆炸的时代,这些属于"中"的专门工具书和属于"西"的英汉辞书之编辑出版,将域内域外的各种新旧知识进行权威分类并给出中西交融的精准释义,因此

张元济着西装,1910 年访欧前摄

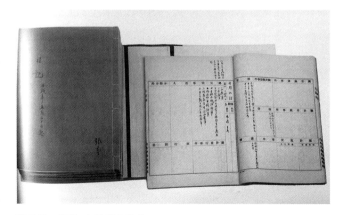

张元济日记稿,上海图书馆藏

而使商务印书馆成为中外文工具书最为重要的生产基地。

"古"是菊老主事的校刊中国古籍,如辑印的大型综合性丛书"四部丛刊",他以常见古籍为主,版本全用稀见善本,用照相影印的方式出版,采用的底本以涵芬楼所藏为主,博采众家所藏秘本,分《四部丛刊》《续编》《三编》三部分,1919—1922年间陆续出版。为"续古代文化之命,续民族文化之命"的强烈使命感所驱使,他立"重校正史之愿",发誓搜罗各史最佳善本,重新校勘辑印,取各年代底本之长,通过许多刻本相互参校、补缀而成,犹如僧人的"百衲衣",成书《百衲本二十四史》。鉴于《四部丛刊》收书范围与体例和清光绪间黎庶昌辑刊的《古逸丛书》相仿,他还重新精心挑选珍本古籍,影印出版《续古逸丛书》,收入善本古籍47种,其中45种全部据宋本影印。所收著述,上起周下迄宋,以存古籍的原貌。

清末民初很重要的载体变化是出现了传统出版所没有的报刊载体。近代报刊具有日刊、周刊、月刊、季刊等多种形态,新出版的传播渠道因此大大超过了传统书业。报刊改变了清末民初即"今"读者的阅读方式和阅读趣味。上海是中国近代报刊的发祥地之一,张元济在沪为适应新时代的潮流,先后出版《外交报》《东方杂志》《小说月报》《教育杂志》等报刊,使商务印书馆成为新时代报刊出版的翘楚。所谓"今"还表现在清末癸卯学制酝酿之时,张元济主持的编译所把教科书的编辑工作放到首位,组织编辑初小和高小的修身、国文、算术、历史、地理、格致等教科书,并根据课本另外编写教授法。全套教科书定名为《最新教科书》,其中就有伍光建编撰的《西史纪要》和《最新中学物理学教科书》。

三

一般认为,海派文化最初是由某种绘画或京剧的艺术风格演变而来的一种都市文化类型,其实那种富有多元性和复杂性的海派文化之源头完全可以上溯至明末出生在上海老城厢的徐光启(1562—1633),之后在上海的诸多领域都可以找到徐光启的追随者,如王韬、李善兰、徐寿、李问渔、马相伯等。

张元济无疑是海派文化在出版领域的代表,他策划的"丛书集成"中收录了徐光启编撰的《几何原本》《测量法义》《测量异同》和《勾股义》。菊老对徐光启的事迹特别留意。早在张元济策划的《四部丛刊》中就发掘出了一些从未面世的稿本。清代保存有大量明朝史料的《罪惟录》，其中"经济诸臣列传"的《徐光启传》是当时能见的徐光启传中最翔实的一篇，对徐光启的评价较之《明史》更为精准。由于作者查继佐的立场是反清的，所以该书一直没有刻本，直到收入了《丛刊》才得以与广大读者见面。

1933年徐光启逝世整整三百周年，1934年徐光启的后嗣徐宗泽致函张元济，请他为《徐文定公三百年纪念册》赐文。张元济所撰全文如下：

> 景教流行，碑石可考，而天主教入中国最早。天主教之有教堂，建于前明之燕都辇毂地亦最先最早，其事实自上海徐文定公成之。公于未通籍前即与法人利玛窦游。既登朝，不数年即成建立教堂之功。而西学东渐，凡天文、历算、格致、制造诸大端，皆由公引贤赞治，盛极一时。清初诸儒精天文、历算，得窥西来法者，何莫非公所饷遗。公生于上海，自明至有清海通时代，而上海一地遂为西学传习之总汇，迄今由几及百年，上海更成为中国与欧美各国沟通文化之中枢。乌乎！此则大上海之建设，虽谓公在二百余年前既已播其种，而造其因焉可矣。公既有功于乡，如是之久且远，抑亦有功于全中国。方兴未艾，岂不伟欤！故读此纪念册，不禁低徊景仰而不置也。海盐张元济谨撰。

短短三百来字，涵盖了很多很深的内容，足见张元济之大手笔。他首先强调天主教早在唐朝已经流行于中国，此由《大秦景教流行中国

张元济为《徐文定公三百年纪念册》撰文

碑》为证。而天主教在京城皇帝车舆之所在地建立教堂则以明朝为最早,其间徐光启的贡献卓著。在进入政界后,徐光启在有关天文、历算、格致、制造等西学东渐的重大方面,"引贤赞治"。题辞中也特别陈述大家经常称赞的清初康熙时期诸儒精天文、历算,能窥习"西来法者",均系徐光启的恩泽所赐,将明末徐光启传播西学作为康熙推广西学的先导。文中还特别强调了徐光启对于上海文化发展的意义,清末开埠后,上海成为"西学传习之总汇",而百余年间,上海之所以能成为"中国与欧美各国沟通文化之中枢",其种子亦属徐光启所播。徐氏不仅是大上海建设的功臣,亦有功于全中国。这是张元济对以徐光启为代表的海派神韵源头的一个诠释和总结。

四

上海是成就张元济一生事业的福地,江南的经脉使他与沪上不同阶层的知识人和印刷工匠阶层建立起紧密的联系,构建其在沪"中""西""古""今"的出版模式。从主持南洋公学译书院到商务印书馆,他实现了自己的理想,这一理想充满了海派的神韵。注重发扬传统古典,力谋中西之沟通,以促进当今中国文化之光大,并以开放包容的精神超越中西文化之争,体现出海派文化的新精神的这种特质,也代表了新海派文化发展的一个方向。这一方向见证了善于调适多元、融通各方之海派神韵的张元济不仅是徐光启的继承者,也是新海派文化的创造者。

郑逸梅日记(1954年3月)

郑有慧提供　祝淳翔整理

一九五四年三月一日　微雨　较寒

　　上下午三课,又批阅作文。

　　今日起开始饮豆浆。

　　购《语文学习》二月号一册,二千元。

　　邓秋马来电通知沈庆镛已出院返家。

　　区澂芬来书,转罗稚笔札。

　　巢章甫邮贻朱鞠坪清翰一册,甚佳。

　　访胡玉祥两谈房客让屋事,或易一间。

　　灯下备《高尔基》课文。

　　胡玉祥来,云房客不接受。

二日　阴　较寒

　　上午,初三授《高尔基》,高二作文。

　　备课。

　　报载绥远划归内蒙古,又载上海举行李时珍文献展览会。

　　今日子鹤与高肖鸿订婚,购白金戒指二只,镌名字,计四十万元。午后,肖鸿来予家。傍晚,一同赴南京路新雅粤菜馆,并邀肖鸿母、沈庆镛夫妇暨肖鸿侄辈,又邓秋马宴集一次,计三十万元。宴毕子鹤送肖鸿等返,予与寿梅观文艺模型展览会,均取材《水浒传》,凡八幕,配合灯光透视,甚有意致。每券一千元,返家已十时矣。

三日　上午阴下午雨　较寒

　　上午三课,下午语文小组作教材分析工作。

初三女生来予家观予文物。

区澂芬转来瞿镜人赠予诗四首,写一册页。予即留存之,覆澂芬书致谢。

灯下备课。

钞寒云遗著。

子鹤以与肖鸿合摄之订婚照见示,尚佳。

四日　阴　寒

寄巢章甫寒云遗著及《南国相思录》。

上下午四课,又批阅作文。

灯下备课。

碧波赠子鹤糖二袋及照相架一具,盛意可感。

向同事张光复借十万元以资家用。

五日　晴　寒

上午三课,下午批改作文,又向同事借得《中国共产党烈士传》,因高三有《关向应同志在病中》,须参考也。

同事范绍增忽患脑溢血,只三小时即逝世。人生朝露,信然。范未保寿险,教育局任丧费一百万元。

今日为斯大林逝世纪念,均下半旗。

子鹤因开会未还来进晚餐。

灯下备课。

六日　阴　寒

上午周会两小时,又高二初三各一课。下午本开教导会议,因星期一为妇女节,下午不上课,乃将星期一下午之课,移于今日下午先授。会议暂停。

同事范绍增在安乐殡仪馆大殓,诸学生倩予作挽联,急就之章,殊难工也。予亦前往叩手。

访黄蔼农丈,适张炎夫在座,相与闿谈,知胡若思画新疆人民献马图,人物有蓄须而留发者,新疆人士见之认为诬辱,盖该地之习俗,蓄须则不留发,留发则不蓄须。二者相兼,禁囚之状也。蔼丈因谓,作画不能不知忌讳,曩年扶桑人倩丈作画,丈绘荷花,扶桑人大不怿,丈初不知扶桑之俗,荷花所以供献灵座也。既而谈及文史馆近已截止不再聘,有为冒鹤亭与吴眉孙二老调解者,鹤老到而眉老坚不赴约,以致无从解纷,不毋遗憾。又有匿名致蔼丈一明片,诮蔼老署名葆戊,"戊"字当作"钺",不宜再从古写钻牛角尖。蔼丈一笑置之。实则蔼丈本署葆钺,有同名者乃用"戊"字以避之耳。

领半个月薪金,扣去去冬预领之款,所得无几矣。

归途,遇王传枚。

作书覆瞿镜人、巢章甫。

灯下阅《谈艺琐录》。

今日曾降雪,即止。

睡眠较早。

七日 晴 寒

今日虽星期,然起身特早,盖近来猪肉殊少,非早起不能购得也。

子鹤倩予拟数语于订婚照后,予属撰八句。如云:花前架语,月底沉吟。和谐契合,似鼓琴瑟。连理比翼,永结同心。留此鸿雪,珍视球琳。

予不进午饭即出,就附近食肆啖阳春面果腹。

探陈葆藩病,尚未全瘳,正在续假休养中。

赴兆丰别墅访边政平,适外出未值。

访李仲乾丈,适费范九、江达夫在座,相与叙谈。仲乾尚能作画,出示新作梅花数幅,均署老雀,笔力犹遒劲也。既而谈及吴东迈,知东迈久病,而其夫人病更剧重,晚境如此,殊可悲也。

路过月村,访李晓耘,已二年不见矣。彼有子女供养,生活尚好。彼尚偶事吟咏,蒙录示三首,如《中山公园》云:"寂历三年事,园林几度新。寒花迎晚照,中有独行人。"《题巢章甫〈海天楼读书图〉》云:"万卷纵横共此楼,端居獭祭漫言愁。海山深绝留清响,庭树苍茫接早秋。正有蓬瀛归画本,不妨嵇阮比风流。烟波万里云天阔,尚欲从君作远游。"《癸巳莫春,偕仰尼弟游复兴公园》云:"京朝胜会渺前尘,梦想宣南景物新。折柬更无青鸟使,看花宁待白头人。(是日谈及王壬秋先生《法源寺看牡丹诗》)逃虚久矣跫音绝,述往惭予腹笥贫。踯躅斜阳归径晚,卅年棠棣倍情亲。"

顺路访朱志泰未值。

灯下备课。

八日　晴　寒

晨起,急急离家赴校。

上午授二课,下午放假。(妇女节)

葛德玮来信向予请益古典文学。

饭后出访戴果园叟,其元旦诗和者甚多,蒙见示,可谓琳琅满目。叟曾录出文史馆馆员录,知姚伯麟、凌昌炎已逝世,加入者有沈隐濂、李庸、汪彭年、高梨痕等。梨痕,电影老演员也。

秀州书社见《雪桥诗话》,缺首册,索值一万元,虽廉而非完整,予未之购。

途晤张聿光,须发皓然而神采犹奕奕,立谈片时而别。

访钱化佛,知柳亚子尚无回音。

访吴眉孙丈,晤陈季鸣、陈梦庵、周采泉、尹石公诸子,相与作拉杂谈。知文史馆拟开一观摩会,采泉近来专研杜诗,悉杜甫年谱有二十六种不同本,拟辑杜甫年谱汇订,如成亦一巨大供献也。既而又谈及童大年去年曾绘花卉一幅,破瓶插荷花一枝,并有残叶,寄往北京,结果大受批评,谓其含意破坏和平,"荷瓶"谐音"和平"也。况又韩在虹口博文中学教书。梦庵名运彰,近只用单名一彰字。闻陈寅恪已目盲。

灯下备课。

九日　晴　寒

上午只初三授《高尔基》一课,又批阅作文。

下午举行斯大林逝世纪念会,所有课移于本星期六授。

高肖鸿在予家午饭,携来无线电一具,盖是具已坏,肖鸿之兄庆镛代为修理者也。

闻毛泽东曾来申,报章未载。

覆葛德玮书。

灯下备课。

十日　雨　较暖

上午授三课,又批阅作文。下午语文小组学习文件。

苏郭志林来,带腌猪肉数方。去腊所托,因不易携带,故迟迟至今也。

向图书馆借王瑶之《中国文学论丛》,知王瑶乃朱自清弟子,内有《念朱自清先生》一文,甚佳。知自清卒于一九四八年八月十二日,年五十岁。晚年体殊衰弱,但并不因此消极,曾把唐人句"夕阳无限好,只是近黄昏",改为"但得夕阳无限好,何须惆怅近黄昏"。彼解释诗之风调,谓"风"指抒情成分,"调"指音节铿锵而言,为前人所未发。

灯下备课。

啖梨。

十一日　上午雨　午后晴　较寒

天未明即去市肉,因较迟便抢购一空也。

上下午四课,又批阅作文。

付电费。

听同人讲一笑话:某甲赴帽铺购帽,选择良久俱不称意。伙不耐,乃讥之曰:君所合适者是非一顶绿帽子。某甲佯为不知,坚欲索绿帽子,大有非此不可之势。时铺妇在旁,亟为解纷曰:该顶绿帽子适被老板戴出去。遂一笑而罢。

购《历史教学》三月号,计二千八百元。

郝少洲邮赠《曹甸镇志》一册。

彭谷声来谈,予以尺牍两册还之。

灯下备课。

十二日　晴　寒

　　上午三课,授鲁迅《药》短篇小说。

　　下午批阅作文。

　　函谢郝少洲。

　　灯下备课。

　　子鹤晚赴高肖鸿家,带来邓秋马见还之《清代学者象传》四册,又赠予徐菊人所书小横幅一。

　　李亚伯来作夜话。

十三日　晴　寒

　　上午参加周会两小时,又授课二小时。午后补授星期二之课二小时,课后教导会议,直至五时三刻始毕,甚感疲劳。

　　巢章甫邮来李宏惠所编述之《朝鲜与中国关系历史》油印本一册。

　　阅许杰之《鲁迅小说讲话》。

　　睡眠较早。

十四日　晴　寒

　　今日星期不赴校。

　　寄赠巢章甫胡石予师诗稿一册,黎二樵诗笺一纸。

　　饭后访邓秋马,赠彼黄素盦山水扇面及杨炜章诗笺一纸。秋马出示其新裱之尺牍,有唐顺之、陈白杨、韩菼、高攀龙、文嘉、顾璘、周顺昌、王守仁、段玉裁等,均周梦坡之旧藏物也。访钱芥尘,知当局拟办古籍诠译馆,从事翻译古典文学。闻苏渊雷有入该馆之谈,渊雷有白居易诗的研究,不久由棠棣出版社刊行。

　　访高吹老,得阅秦伯未有油印之《名人生日表》,甚佳。予拟向伯未索阅。又见李右之所印之诗集,则浅率已极。不知如何刊布,未免灾梨祸枣。

　　强化诚以《星来唱和集》油印品,特来见访,予外出未值。

　　灯下备课。

子鹤晚饭后赴高肖鸿处,馈以腌肉一大方,盖日前由苏送来者。

十五日　晴　寒

上下午三课,又批阅作文及笔记本。

校长招予谈话,询及语文组不团结情况,予据实告之。

向周屏侯借得《洪宪纪事诗本事注》,惜为土报纸印,字迹不清晰。

学生代表出席慰劳解放军归,出示一照片,盖毛主席曾来沪与海军人士合摄也。

灯下备课。

十六日　晴　寒

上午授初三课,下午高二作文。

课后听校长传达克服忙乱报告。

报载新华书店将出《孙中山选集》。

子鹤今日休息,伴寿梅赴外滩人身保险公司,预备保险,但必须医生证明方可投保。

子鹤晚间赴高肖鸿处晚饭。

李亚伯来书,拟将《清代学者象传》让给于予,计十万元,分两次付。

日前与人谈及郑汝成夫人入文史馆事,然已不忆郑汝成之被杀详情矣。顷阅《洪宪纪事诗本事注》,载有"民国四年十一月十日,上海日本领事馆举行日皇大正加冕礼,上海镇守使郑汝成前往道贺,祥夫等侦知之。汝成汽车路出白渡桥,祥夫指挥多人掷弹死之,吉林人王晓峰等被擒。电报达北京,世凯大为伤感,辍食终日"。又载刘喜奎歌女能诗,有见志云:"儿家身世已堪悲,自作春蚕自缚丝。无那春风怕回首,肩峰不是去年时。由来一样琵琶泪,弹出真心恨转深。红粉青衫久惆怅,怕君听久亦伤神。"虽不见佳,然确系儿女子口吻也。

灯下备课。

阅《石遗室诗话》。

十七日　晴　较暖

　　上午三课，又批阅笔记簿。

　　下午语文小组讨论，四时半毕。

　　同事就诊诊疗站治病，不料医生亦抱恙，乃废然而返。予曰，此医生可谓以身作则。闻者皆笑。

　　《洪宪纪事诗本事注》还周屏侯，予以刘冠雄上袁项城信赠之，盖信封上有项城手批之字，屏侯甚喜。

　　报载当局办昆曲训练所，由朱传茗等任教务，期限九年。

　　由朱其石转来朱石轩所赠许羹梅、吴受福二札。

　　灯下备课。

　　覆朱石轩书，附赠黎湛枝、言敦源、张一麐、吴董卿四札。

十八日　晴　暖

　　上下午四课，又批阅作文。

　　饭后以同组同人请求补助金，开会讨论，一致赞同。

　　检出张勋、袁寒云书札以及汪大燮、宝棻等电文赠与周屏侯。

　　灯下备课。

　　覆强化诚札。

　　临睡阅《花随人圣庵摭忆》。

十九日　晴　较寒

　　上午三课，下午批阅作文。

　　课毕，学生来予家谈话。

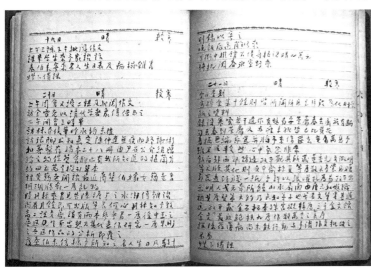

郑逸梅日记一

秦伯未寄来《名人生日表》及《病榻杂书》。

灯下备课。

二十日　晴　较寒

上午周会，又授二课及批阅作文。

访金雪老，以《清代学者象传》借与之。

下午开会，三时毕。

访林介侯、华吟水，均未值。

访张聊止，知嘉定陈仲达无疾而终；谢彬如著《医存》稿本二十八册，由尹石公介绍，赠给文物保管会。聊止有我所知道的梅兰芳约四五万言，拟刊单本。

访黄蔼老闲谈，最近商笙伯嫁女，蔼老书珊瑚笺对一为礼物。

陆丹林来书，见告陆澹安之《水浒传杂谈》尚有月馀即可出版，笔名何心。丹林知予教高二课文，渠谓有两本参考书，一为徐中玉之《鲁迅生平思想及其代表作研究》，一为朱彤之《鲁迅作品的分析》，即覆之。

覆秦伯未信，据予所知之名人生日，凡数十则，录以寄之。

晚饭后高肖鸿来。

里弄中推销公债，寿梅认购四万元。

倚枕阅《春冰室野乘》。

二十一日　晴　较寒

今日星期。

写《碎金集》十馀则，皆所闻所见之片段，为他日操觚之资料。

录得寒云若干遗作，有《题易安荼蘼春去图》，只有断句云："春到荼蘼人亦瘦，未秋恐已比黄花。"

饭后赴西郊访边政平，观其所藏董香光、文徵明等尺牍，其他则吴平斋、桂复等为数不多，蒙见赠郭昆焘诗笺一纸，予许以张曜为易。政平出示明人戈元章所绘山水扇面，由唐六如题识，称戈为贤弟。大约乃六如弟子也。戈名文，笔墨甚遒逸。政平藏金石拓本殊富,拟辑为《三千金文馆金文》,最近鲍扶九为作数万言之长序。

探陈葆藩病,尚未能行动,与予谈作文批改之不易。

灯下备课。

检出张曜、孙雄、郑沅、姚光,及袁项城手批之拟稿,邮寄边政平。

二十二日　晴　较暖

上下午三课,又批阅作文。

接到巢章甫邮来廉南湖、凌福彭、梁鼎芬及秉琦之尺牍一册,惟不知秉琦何姓。

报载路朝銮叟于一昨病逝(即阴历二月十七日),子女凡四人。

赵企文寄来其祖母逝世之丧条,二十一日午时寿终苏寓,年七十四岁。寿梅为之陨涕。盖寿梅认为寄母也,且视予如子,予亦为之泫然。即写一信,备明日汇六万元,以代楮帛。惟近来经济拮据,厥数太少,甚感歉仄。领半个月薪,扣去过年预发之数,及所认公债一部分仅二十九万五千元,不能维持半个月生活。

曩时晋元毕业生萧同学现任语文课,以力不胜任,拟在予处补习,每星期一次。予却之不可,乃允于每逢星期六晚上八时至九时来予家。

灯下备课。

覆巢章甫信,附寒云遗作。

廿三日　晴　较暖

上下午三课,又批阅作文。

润弟电话来问候。

寿梅上午赴人身保险公司验体格,以太弱公司不保。午饭无人料理,予就食肆进面代饭。

用保价信寄送六万元至苏赵宅,以作丧礼。

灯下备课。

在江宁路校门前拾得一徐姓之石章,予因书一字条,请遗失者向晋元门房领取。

廿四日　晴　较暖

上午三课,下午语文小组学习,又工会改选,传达报告。五时归家。

灯下备课。

万若曾来闲谈。

廿五日　晴　较暖

上下午三课,又批阅作文。

巢章甫邮来瑞萃儒、于式枚尺牍。

课后访金雪朥叟以《清代学者象传》见还,蒙赠郑大鹤之《海鹤添寿图》扇面,又淡水蟫隐庐主人所制之酒盏二事,镌仕女绝精致,惜一已有损纹。雪叟不知如何,知予今年六十,故以之为祝也。

灯下备课。

廿六日　晴　暖

上午三课,下午批阅作文。

向同事曹钟铭借十万元,因家用又告乏矣。

芮鸿初来信,问投考初中所考之项目,予即复告之。

灯下备课。

临睡阅《永安月刊》。

廿七日　雨　较寒

上午参加周会,又授二课。

购《语文学习》三月号一册,二千元。

下午讨论制度问题,又同事加入工会讨论,六时始毕。

寿梅拟以房客事与派出所接洽,予明知无效,姑往试之,结果不得要领。

高肖鸿来予家。

录《寒云藏古》。

廿八日　晴　较寒

今日星期未赴校。

录寒云《古逸币志》并《寒云藏古》邮寄巢章甫。

华吟水来谈，赠以寒云手札。吟水耳微聋。

萧同学来询予语文课本上之不明瞭者，又借初中教案数纸去。

饭后访李亚伯，《清代学者象传》先付五万元。

访邓秋马，赠彼俞慧殊尺牍一通。

访林介侯，彼辑成《六书分类增编》共四集，计三十二册。

陆丹林来书，知吴东迈已痊，东迈夫人患癌甚剧，现在广慈医院。

芮鸿初来信。

灯下备课。

录《寒云泉简》。

廿九日　晴　较寒

上下午三课，又批阅作文。

葛德玮自罗马尼亚大使馆寄来《新闻公报》三月号。

郭志林来，又带到托腌之肉。

录《泉简》。

灯下备课。

张鲁庵邮来油印之《消寒九咏次缪子彬韵》，九咏为寒钟、寒衣、寒犬、寒砚、寒泉、寒雀、寒色、寒雨、寒柳。

同事邓广生与钱铸九、朱屺瞻合办一画室，钱、朱托邓向予致意，盖皆予友好也。

临睡阅《永安月刊》。

三十日　晴　较寒

上午初三授叶绍钧之《多收了三五斗》，下午高三甲组作文，又批阅作文本。

高肖鸿来予家盘桓终日，因子鹤今日休息也。

覆芮鸿初信。

灯下备课。

日前章甫见赠陆军第二军参谋长袁祖成呈袁世凯一文,盖为徐宝山购买骨董被炸而卒,请国史馆立传也。其叙致死原因谓,徐所部将校绝对服从,严守军纪,惟江苏第一师师长章梓以同盟会资格,方充十一师师长,与徐积不相能,前南京留守黄兴以往来公牍,多有龃龉,尤为愤恨。此实徐被祸之远因也。此亦一史料,邮贻陆丹林并致一书。

三十一日　晴　暖

上午三课,下午语文小组学习,又批阅作文。

高教处来一布告,华东水利学院开除一助教,原因不服从工作分配。

郭志林、赵企文均来予家午饭,知企文祖母患胆石症不治而死,现已瘗葬,并带来黄绒花,寿梅服孝。

灯下备课。

录《泉简》毕。

翻译家汝龙与吴奔星通信释读

吴心海

　　1952 年春,在北京市人民政府文教局工作的先父吴奔星(1913—2004),应无锡苏南文教学院的聘请前去短期任教。3 月 14 日抵达无锡学校的当天,就和翻译家汝龙(1916—1991)相识,并结下数十年的友谊。不久,汝龙先生到了上海平明出版社工作,一年后回到北京,而先父则由江苏方面的暂时借调变为扎根。先父保存了汝龙先生五通来信,只是他们众多鱼雁往来的一小部分,大部分则毁于"文革"。其中前四通应该是汝龙离开苏南文教学院在上海期间给先父的信函,而他写第五通信时已经离开上海平明出版社返回北京。从几封信中可见,汝龙先生虽然希望为巴金先生分忧、搞好平明出版社,但琐碎的行政工作确实不适合他这个以翻译为事业的"书呆子"。至于先父当年写给汝龙先生的信件,不知道是否还在这个世界。假若 70 年后还有幸存的机会,并能够合璧的话,当为佳话。不过,巴金研究专家周立民兄,曾向我提供了一封先父 1979 年编辑《中国现代作家传略》时期写给汝龙的信,颇有史料价值,也值得一说。

汝龙致吴奔星信函第一通
（1952 年 10 月 23 日）

老吴：

　　信收到。李白凤事,适巧朱彤兄有信来约我兼职,我在他信上提了句(那信是前几天发的),如果这封信不转给他,他会莫名其妙吧(因为只提了一句),不过,不转也行了。

　　你前后两封信很使我起了思想斗争。那样的盛意拳拳,再加上别的老师和同学来信督促,我怎能不感动呢？但李先生一回国,政府极力争取他创作,因此平明他不肯管了。担子落在我一人身上,我实在不敢造次了。平明,我还没有到任,我还没摸到底,我怎能冒冒然断定我有余力专任或兼课？为了减轻我对你和你们的内疚,我一定在两方面努力：我保证尽全力把平明好好地搞；如果我搞得好平明,将来我就有余力来兼课了。你比较明瞭我,你应该能够明白我这些话是诚恳的。

我还是主张你接家眷。何苦这么的相思?况且,你身体不好,她也工作太苦,岂不是两败俱伤?外面租房子吧。

我月底去沪。寒假,我恐怕不会回北京了。祝好

     弟 汝龙 十,廿三

另一封给二年级同学的信,请代转。并烦转告梅希泉,说信收到,回信合并在那封共同的信里了。

汝龙致吴奔星信函(1952年10月23日)

信中提及的李白凤(1914—1978),诗人。当时在北京师范大学女附中工作,心情并不愉快,曾希望到苏南高校工作。后去太原、开封任教。李白凤是20世纪30年代我父亲吴奔星主编的《小雅》诗刊的重要作者之一,1952年2月曾在京介绍吴奔星和诗人、古典文学研究专家陈迩冬相识,陈迩冬把在东安市场购买的《小雅》诗刊合订本送给先父,并在《小雅》上题词:"一九五二年二月,于隆福寺旧书肆上见此,偶告白凤,吴奔星兄闻而色喜,盖其怀故剑之情,有所不能已者,因市归以报之。"

信中的朱彤(1916—1983),戏剧家、文学理论家,时任无锡苏南文教学院中文系教授,后兼国文专修科主任,1955年院系调整后调南京师范学院任教。

李先生,指巴金先生。平明,即平明出版社,是1949年底巴金和诗人辛笛等几位朋友合资创办的出版社。专注世界文学名著的翻译介绍,以俄罗斯和苏联时代的作家作品为主打。

汝龙表示"我还是主张你接家眷",是因为吴奔星初到无锡苏南文教学院的时候,还是以北京市人民政府文教局干部的身份借调工作,因此夫人和孩子还留在北京。

至于代转的一封信,收信人之一的梅希泉为苏南文教学院学生。梅希泉为江苏武进人,1953年毕业于江苏师范学院中文系,1955年研究生毕业于北京师范大学,后在上海师范大学中文系外国文学教研室工作。梅希泉在回忆汝龙的文章《如在目前的教导》

(《苏州杂志》,1992年第5期)中表示:

汝先生不仅是契诃夫的翻译者,而且是契诃夫作品的评论和研究的专家。1954年7月,为纪念世界文化名人契诃夫逝世五十周年,全国文联在北京天桥剧场举行报告会,先生在会上作了长篇报告。首都文艺界和在京的知名人士(如邵力子先生)参加了大会,我有幸聆听了先生的报告。同年7月,《人民文学》发表了他的题为"契诃夫和他的小说"的长篇论文,系统地、细致地阐述了这位伟大作家的创作发展和他的小说艺术的基本特点。以后,他又在《文艺报》等刊物上不断发表论述契诃夫小说的文章,影响深远。

梅曾写过论文《契诃夫短篇小说的艺术特色》,是否受到汝龙的影响,有兴趣的论者不妨做一番探析。

汝龙致吴奔星信函第二通
(1952年11月1日)

奔星兄:

您的信收到了。想不到五十年代这么小器。不过商人的算盘总是这样:为您化了些钱,结果没成功,怄气了。那么活页文选是否因此也吹了?这样一来,您可不划算了。实际上,你若在京,工作生活倒都挺相宜呢。《茅选》事,上杂我没熟人,上出以前由师陀任总编辑,我认识,还出过书,但后来他一走,我也没熟人了。原定库普林出十册,出了三册,也因此没出下去。不过您仍旧不妨写封信去问问,附上您的经历及同类著作的书名,您的职业(要说明教中文),以便取得他们的信任。我想,现在书店都缺稿子,但又怕出乱子。这样写明,也许可以消除他们的顾虑。可惜我帮不上忙,很歉然。您太太找到事儿,真是再好没有,位子也相称。只是这样一来,会不会分居两地呢?那就未免"那个"了。祝
好

弟　及人　十一月一日

棠棣其实倒也合宜,这类的书,他们出过好几本了。

汝龙此信署名"及人",这是他的字,也是他的曾用名。巴金先生给汝龙先生写信,多半称"及人兄";巴金夫人萧珊在日记里提及汝龙也是称"汝及人"。曾见1998年印行的《重庆市涪陵第五中学八十五周年校庆资料选编》,其中有署名"冉刚"的《回忆英语老师汝及人》一文,称汝及人老师乃"上海圣约翰大学毕业(此处未必准确——吴心海注),从事英语教学多年,抗战后来川,是学校专门聘来教英语课的。第一节课下课后,同学们议论开了,都说汝老师发音很标准、水平高,满口京腔(普通话)听得懂。当时,我想:我是初二的跳班生,对英语课整整差了一个年级,现在有这么高水平的老师教课,一定要笨鸟先飞,努力学好英语课。"作者1964年在北京一新华书店内,看见一本英译汉的文学书籍,译者署名为汝龙,他当时还想这是不是汝老师翻译的,可惜后来打听没有结果,留下遗憾。

信中的"五十年代",应为当时上海的"五十年代出版社";"上杂",为"上杂出版社";"上出",为"上海出版公司";库普林(1870—1938),是俄国批判现实主义的代表作家,汝龙曾在"上海出版公司"出版《库普林短篇小说集》;《茅选》,即我父亲所写的《茅盾小说讲话》,当时应曾与"五十年代出版社"接洽出版事宜,但未果,后在1954年3月由上海泥土社出版。因泥土社和胡风先生有关,我父亲1955年在"胡风事件"中被软禁半个月。

信中附言里的"棠棣",是指棠棣出版社。文怀沙的《屈原九歌今译》、俞平伯的《红楼梦研究》当年都是由棠棣出版社出版的。

至于"您太太找到事儿",应为先母李兴华当时受聘北京市西单区职工业余学校,担任中级语文教师。

汝龙致吴奔星信函第三通

(1953年4月26日)

奔星兄:

　　工农兵诗歌讲稿收到。你用功颇勤,大有收获,实在叫人羡慕。我在这儿,一天为些行政琐碎工作瞎忙,真要弄到一事无成而鬓斑为止。来此半年,一本书也未译成。

前寄杂志,谅已收到?

你说要来上海玩,终于未来,想见伉俪情笃,如胶似蜜,一会儿也离不开也。祝好

弟　及人　四,廿六

信中提到的工农兵诗歌讲稿,是江苏师范学院中国语文系印行的吴奔星编写的小册子《工农兵诗歌欣赏、朗诵和写作》。我父亲赠送给汝龙的这本小册子,汝龙去世后,其家人捐赠给了中国现代文学馆。

"这儿",指的是汝龙出任编辑部主任的上海平明出版社。

汝龙开玩笑说:"你说要来上海玩,终于未来,想见伉俪情笃,如胶似蜜,一会儿也离不开也。"应该是当时我母亲已经辞去北京的教职,举家迁往苏州定居。这里的背景是,为贯彻中央政务院与华东军政委员会关于改革和调整高等教育的指示精神,根据华东高等学校院系调整委员会规定,苏南人民行政公署1952年8月决定,以苏南文化教育学院、私立东吴大学文理系科及私立江南大学数理系合并组成苏南师范学院,选址在苏州,我父亲为23名筹建委员之一。后来苏南师范学院正式成立时,定名为江苏师范学院,即现在的苏州大学前身。

汝龙致吴奔星信函第四通
（1953年5月18日）

奔星兄:

　　信收到了。太太病好没有?念念。她的身体也的确单薄,恐怕得好好调理才成。你瘦下去也不行,原来就瘦,再瘦也瘦不起了。近年我精力差,做事也就差,因此痛感到身体是本钱。你也得注意才好。

　　今年《苏联文学》上都是好东西,可是偏偏我没法译。这儿的行政工作也不轻。我这样的书呆子干起来,尤其

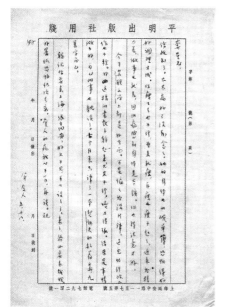

汝龙致吴奔星信函(1953年5月18日)

不行，吃力得很。结果是事情做不好，自己的事也耽误了。七个月来只译了一本契诃夫的短篇集，九万字而已。

　　听说你要来上海，很高兴。好久不见，可以谈谈了。来了，务必要来找我。我暑假恐怕仍须去京。爱人的病放心不下。再谈。祝
好

弟　及人　五，十八

　　由于我父亲1953年的日记保存下来很少，汝龙信中所说"太太病好没有"，具体指的是什么，难以查考。至于说我父亲"你瘦下去也不行"，可以参照吴奔星1952年4月20日日记：

　　下午到体育馆，磅了一下体重，五十七公斤，折合125磅，似乎比以前重了五磅，是值得欣慰的现象。老纪（指纪庸）九十五公斤，合210磅，我与他真是小巫见大巫了。

表明我父亲当年的确瘦弱。

在信中，汝龙再次对平明出版社的行政工作加以抱怨，"事情做不好，自己的事也耽误了"。对我父亲可能来上海的打算，汝龙显得很高兴，"来了，务必要来找我"。但似乎这次上海之行，只是停留在计划中。

汝龙信中的爱人，是指其夫人周文颖，也是翻译家。

汝龙致吴奔星信函第五通

（1953年10月17日）

奔星兄：

　　那天看过戏后，等你好几天没来，心想必是溜回去找太太了。果然，梅希泉一来，就证实了。不仅没得机会给你饯行，甚至也没庆贺你的新书契约。呜呼！其实，就我的私心来说，倒巴不得你留在北京，也好有个时相过从的老朋友谈谈玩玩。嘱订《苏联文学》已订好，定单附上，余款附在信内。最近我弟弟去挤戏票（他已考取大学，兴致好，又有工夫），居然连看了两出，一是《屈原》（如你在北京有多好！），

赵丹、白杨演出,的确不差,我除对原著有意见外,此外是一律满意。一是《王贵与李香香》,中央歌剧院演出,虽然不差,可是比在上海看的,有些方面也有逊色地方。今冬有来京可能否?念念。祝

好!

弟　及人　十,十七

老廖信烦能一转。

1953年暑假,从北京市人民政府文教局借调到江苏师范学院的吴奔星回到北京,拟就新职。时任江苏师范学院党委书记的吴天石函电挽留,并动员我父亲的学长张焕庭教授(时任江苏师范学院教务长)快函相促。为吴天石诚意所感召,吴奔星最后决定南返,担任江苏师范学院首届院务委员,共襄校事。"梅希泉一来,就证实了",大概此时从江苏师范学院毕业的梅,已经到北京师范大学读研究生了。这就是汝龙所言"必是溜回去找太太了"的前因后果。

信中提及的"新书契约",应该是《阅读和写作的基本问题》,1954年3月由上海东方书店出版。

关于赵丹、白杨在京演出《屈原》的时间,应该是1953年9月,时为纪念屈原逝世2230年。这也是断定此信写于1953年10月的原因。此外,无锡王赓唐所写《忆吴奔老》(见《别:纪念诗人学者吴奔星》,南京师范大学出版社2005年版,第252页)中回忆1953年暑假的情景也可佐证:

> 大约八九月份。九三中央举行工作会议,我随陈志安教授去京参加会议。会议结束后一天,我接到吴奔老从他寓所打来电话,相约我和陈志安教授去他家吃中饭。当时在座的除我们二人外,还有翻译家汝龙教授,他也在江苏师院执教,是回北京来度暑假的,闲谈自然脱不了本行,都是有关高师文科教育问题。汝教授谈他翻译契诃夫作品的计划,陈教授对当时学术界否定社会学表示不满。我不在行,没有说话的余地。我还记得,那天奔老夫人还特地为我们做了两道京味的菜……

附言中的"老廖",指语言学家廖序东(1915—2006),时任江苏师范学院中文系副教授。后任徐州师范学院中文系教授、系主任、副院长。

吴奔星致汝龙信函一通
（1978年9月26日）

及人兄：

您好,我院在党委领导下成立一个"中国现代作家传略编写组",向全国作家征集自传,以便于明年汇集影印,向国庆三十周年献礼。第一辑即将出书。茅盾为题封面,收有沙汀、唐弢、方纪、田间、李准等四十余位作家自传。第二辑即将付印。拟请您写一自传,并想通过您,转请李先生写一自传或简略生平纲要。李先生已高龄,身体可能不太好,事情又忙,写一纲要吧。您是海内知名翻译家,自当让读者了解您的生平。戈宝权同志的自传与照片业已寄下,已编入第一辑,您与李先生的,拟编入第二辑,年底出书。由于我是现代文学组负责人,他们特转请我写信给您,请您慨然承诺吧。我暑假在石家庄开会,匆忙路过北京,来不及前来奉候。为了作家传略事,编写组拟请我到京、沪一行。如去上海,当奉访李先生;如来京,当赴府拜望两位伯母。附致作家函,其一请代转上海。耑此奉读,顺祝译祺。

两位伯母大人及嫂夫人均此问候。

　　　　　　　　　　　　吴奔星　九,廿六

承汝龙先生哲嗣汝企和先生赐告,先父信中提及的"两位伯母大人",指的是汝龙先生的母亲及岳母。

信中谈及暑假到石家庄开会,时间为1978年7月底,会题是"中国现代文学讨论会",会址为石家庄市委第三招待处。

关于"中国现代作家传略",《中华读书报》2007

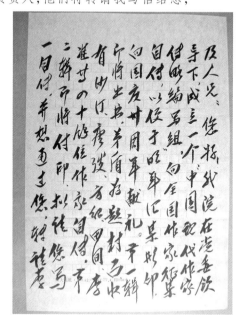

吴奔星致汝龙信函(1978年9月26日)

年 3 月 14 日曾发表叶炜所写的《一所大学和中国现代作家的结缘》,其中表示:

> 1978 年在中国的历史上是一个具有重要意义的年份,这一年,徐州师范大学(当时的徐州师范学院)开始打破十年"文革"的思想禁锢,决定改变全国高师院校因缺少专门介绍现代作家生平资料而给现代文学教学带来严重桎梏的不良局面,成立了《中国现代作家传略》编辑组,着手编写新时期第一本完整意义上的中国作家传记。……编辑组得到著名诗人徐州师范学院文学教授吴奔星的指导、支持。就是这样一个编辑组,给我们留存了新中国第一本真正完整意义上由高校自己编纂的现代作家传略。

关于我父亲在《中国现代作家传略》中的贡献,马国平先生也曾在《博览群书》2014 年第 5 期发表《吴奔星和〈中国现代作家传略〉》一文,此处不赘。我想说的,是吴奔星请巴金先生写传为什么要通过汝龙先生。1992 年 11 月 27 日,吴奔星曾在《文汇报》发表《追忆翻译家汝龙》,叙述了 50 年代初两人在苏南高校共事时汝龙向他所说的抗战期间追随巴金先生的故事,汝龙以巴金为师,巴金扶持汝龙,两人的关系非同一般。请汝龙出面函请巴金写传,确乎不二人选。遗憾的是,在这篇回忆文章里,吴奔星并没有提及此事。幸运的是,周立民兄为我提供了这封已经被中国现代文学馆收藏的信!

颇有意味的,是汝龙先生收到我父亲的信后写给巴金先生的信。此信同样是周立民兄提供,我只引述涉及此事的部分:

> 随信寄上吴奔星的来信和催稿信一封(你看过后就不必寄还了)。吴是徐州师院中文系教授,五十年代我在无锡文教学院教书时,跟他同事。五七年划成"右派",后摘帽,现似受到重用。我跟他关系一般,平时不通信。我在无锡时常去平明,他知道我认得你,故现在来信托我,我估计你不愿写稿,本想不寄给你。现在仍寄给你,希望你仍然按自己的意思办,不必管我,我也只是把这件事了结一下而已……(1978 年 10 月 26 日)

> 关于吴奔星要你的"自传"事,我已写信给他,我婉言谢绝了,我也没写自传,因为北京语言学院《中国文学家辞典》来信索稿,我已写过,现在再写,就没有什么意义了,我对他说明了这一点,而且解释说一个翻译工作者不埋头译书,却到处去宣扬自己,那是不好的。(1979 年 1 月 15 日)

记得2016年周立民兄向我提供上述信函时,我曾产生疑问:从50年代汝龙先生给我父亲的信看,当时他们的关系相当密切。粉碎"四人帮"之后,汝龙先生每逢出书,也会给先父寄赠,如1979年的《复活》以及1981年、1983年和1984年分别签赠的《契诃夫文集》第1、2、3卷。但给巴金先生的信中写"关系一般",颇有点难解。

对此,立民兄分析并解惑说:"我也有此疑问,大概想撇清,此事不是他揽来的吧。巴老的至交,都知道巴老忙,身体不好,有时候都不给巴老写信,给他弟弟等人写信,以免让他回信伤神。"

立民兄此说甚当。如果汝龙先生从内心感觉和先父关系一般,来信和约稿之事,就不必让巴金知道好了,更不用转给他。良苦用心,实在让人感动!

翻阅手头的徐州师范学院编印的《中国现代作家传略》第二辑(1979年出版),并没有巴金的自传。不过,1981年5月正式由四川文艺出版社出版的《中国现代作家传略(上)》,收录了"巴金自述辑录",文后"编者附注"云:

> 巴金曾给编者来信云:"你们倘使把我自己的文章摘录若干则,按年代排列起来,只要注明每段的出处,那我不会反对。"故略按年代顺序编成《巴金自述辑录》,并经巴金同志审定。

巴金不写自传,原因究竟是什么呢?答案其实是有的。1980年5月28日,吴奔星带领研究生徐瑞岳、孙晨到上海拜访巴金,两位研究生写成访问记,刊登在《徐州师范学院学报》1980年第4期,巴金如此表示:

> 徐州师范学院编印《中国现代作家传略》曾约我写一篇自传。当时我没有答应,现在也不想写。"文化大革命"中,"四人帮"要把我一笔勾销,给我下种种结论。关在"牛棚"里的时候,整天写交待材料。我自己也写了不少彻底否定自己的"思想汇报"和"检查"。有一个时期,我的确相信别人所宣传的一切,我的确否定自己,准备从头做起,认真改造,"脱胎换骨,重新做人"。后来发觉自己受了骗,别人在愚弄我。现在,我还要进一步认识自己。我不愿意把自己骂得一无是处,也不想把自己吹得如何如何。"自传"这类东西,等我八十岁以后再写吧。

附 录

前几年整理先父日记,涉及汝龙先生的也有五则,和汝龙先生致先父吴奔星的五通信数目正好相同。特附录如下,以见证他们之间的友谊。

1952 年 3 月 14 日　星期五

上午七时抵校,首先与系主任纪庸④见面。由他引见正副院长古楳及童润之两先生。中午见到张拱贵[1]、廖序东两兄。下午与汝农[2]兄见面,并与纪庸同进晚餐。

晚间有同学代表五人来室谈天,希望明天与他们全体同学见见面。

写家书。

1952 年 4 月 4 日　星期五

今日下午起放春假一天半。三时许与汝龙、廖序东两兄进城,到新华书店买了《文艺报》及《人民文学》,又赴人民戏院看了《西藏大军行》[3]电影。

1952 年 5 月 18 日　星期日

上午朱为中同志来室谈他的斗争史,张拱贵送鸡蛋及花生米来。

白凤来函。

下午与汝龙兄进城买书并小吃。回校时大雨,如非坐车,必成落汤之鸡。

1952 年 6 月 15 日　星期日

下午与汝龙上街,逛书店之后,口渴头晕,吃了一杯冰淇淋 1300 元,又喝了一碗豆腐老[4]。实在支持不住,坐人力车回来,刚到校门口,哇而吐之。吃了两片 APC[5],躺在床上,头疼得很,出了一身大汗才好些。两个女同学送通知来,递了一杯开水给我,喝后很感舒服。到晚九时,可以说完全好了。

1952 年 6 月 28 日　星期六

晚七时与许符实[6]、陶次如[7]、张焕庭、纪庸、汝龙、徐嗣山[8]、陈志安等看徐琴芳[9]演《失空斩》及新艳秋[10]演《青霜剑》,十二时许才完。

---

④ 纪庸(1909—1965),河北人,原名纪国宣,号果庵,现代作家。时任苏南文教学院中文系教授、系主任,后任江苏师范学院历史系教授。

注释

1. 张拱贵(1918—1999),湖北人,语言学家。时任苏南文教学院中文系副教授。后任南京师范学院中文系教授。
2. 应为汝龙。此为吴奔星和汝龙第一次见面。当是听人介绍,龙、农不分之故。
3. 1951年摄制的新闻纪录片。
4. 即豆腐脑。
5. 复方阿司匹林。
6. 许符实(1915—1988),江苏金坛人,时任苏南行政公署副秘书长。1957年被错划为"右派分子"。1979年后担任江苏省哲学社会科学联合会副主席,江苏省社会科学院副院长、党组书记。
7. 陶次如(1902—1982),河南人,时任苏南文教学院生物系教授。后任南京师范学院生物系教授。
8. 徐嗣山,曾任江苏师范学院历史系副主任。
9. 徐琴芳,弹词女演员,江苏苏州人。
10. 新艳秋,京剧旦角,著名程派传人,祖籍北京。1949年后,先后在江苏省京剧团、江苏省戏曲学校从事演出和教学工作,2008年9月2日去世,享年98岁。

巴金的"吃饭"往事（下）

周立民

四

20世纪60年代上半期，巴金常去吃饭的地方以南京路和淮海路两个商圈的饭店为主，由此还会延及豫园、十六铺、四川北路等地。另有两个较为特殊的地方他出现的频率也相当高，那就是位于延安西路的文艺会堂和泰兴路的文化俱乐部（最早是在茂名路），这两处笔者将另文专述，在此不赘。以下罗列的是他去过的部分饭店、小吃店：

大三元酒家

位于南京路679号，这是一家富有历史的粤菜馆。唐鲁孙曾写过："上海分号的大三元，都是些平平实实的广东的普通菜肴，并没有什么特别菜。可是真正吃客，到大三元吃饭一定要点瓦钵腊味饭，因为大三元做烧腊的大师傅是东江请来的第一把高手。选肉精细，制作严格，咸中微甜，甜里带鲜，不像台湾所谓名牌香肠，甜得不能进口。他家烧腊中的鸭脚包，的确是下酒的隽品，鸭掌只只肥硕入味，中间嵌上一片肥腊味，用卤好的鸡鸭肠捆扎，每天下午三点开卖，总是一抢而光。他家的鸭脚包，在上海虽有若干卖广东腊味的，可是谁也比不了大三元。"[①] "大三元"还曾出现在茅盾的著名小说《子夜》中，写的是五卅纪念日那一天，学生和工人在南京路组织游行，结果被巡捕们冲散，慌乱中张素素和吴芝生冲进大三元酒家躲避："幸而前面是大三元酒家，门还开着。张素素、吴芝生两个跟跟跄跄地赶快钻进了大三元，那时一片声喊口号又在南京路上爆发

---

① 唐鲁孙：《吃在上海》，《中国吃》，广西师范大学出版社2013年第2版，第108—109页。

了。张素素头也不回,一直跑上大三元的二楼。"②在二楼的雅座中,他们还遇到范博文、林佩珊、李玉亭等人,可见当时的大三元是各色人等很活跃的交际场所。小说里还写到张素素在这里吃了包子、饺子。

1958年,巴金在北京给妻子萧珊的信中,说过一则趣事:"今天中午茅盾请韩雪野吃饭,我作陪。他谈起尹世重同志回朝后对他说,你做菜很好。茅盾问做什么菜,我含糊地答应了一句。我不便说明那天是大三元送来的菜,外国人不易了解。晚上告诉家宝,他大笑不止。"③他们在家里招待朝鲜作家,菜是大三元酒楼送来的,朝鲜友人以为这是萧珊的手艺,巴金跟曹禺(家宝)说起,两个人大笑不已。

华侨饭店

《子夜》中还写道,五卅那一天,李玉亭离开大三元酒家,"他是向西走。到华安大厦的门前……他就走进去,坐电梯一直到五楼"④,他在楼上一间正对着跑马厅的精致客房中见赵伯韬。华安大厦位于南京西路104号,这里最初为华安合群人寿保险公司大楼,1926年落成使用,为当时上海滩第一高楼;1940年12月金门大酒店在这里开张营业,1949年5月上海解放后,为政府机关的办公楼;1958年12月28日,因接待任务需要改建为华侨饭店,主要接待华侨和港澳台同胞和外国来宾;1992年,恢复初名金门大酒店。⑤ 1963年5月2日,巴金夫妇、孔罗荪夫妇、吴强、叶以群等几位上海文艺界风云人物曾在这里邀请来沪的沙汀、方

1926年建成的华安大厦

---

② 茅盾:《子夜》(插图本),人民文学出版社1960年第3版,第188页。
③ 巴金1958年9月29日致萧珊信,《家书》,浙江文艺出版社1994年版,第285页。
④ 茅盾:《子夜》(插图本),第199页。
⑤ 本文关于南京路上的饭店介绍,多参考李宏利、范博:《舌尖上海:南京路上老味道》,上海人民出版社2018年版。

令孺(九姑)、刘白羽等朋友,还有两位"领导"朋友:金仲华(金公)和陈同生。当时,沙汀和刘白羽住东湖招待所,方令孺住锦江饭店,巴金下午先到大众剧场看川戏,又去中苏友谊电影院出席上海第四届人代会第二次会议,会后又看了出川戏。"散戏后和萧珊、罗荪、吴强、张鸿同去华侨饭店,我们夫妇和罗荪夫妇、吴强、以群今晚在'华侨'九楼公请沙汀、九姑、张鸿、萧芜、白羽、金公、同生。九点前回家,萧珊已有醉意。"⑥当天,沙汀日记记载,上午,巴金和他同去拜访方令孺,在方处遇到陈同生,沙汀又与陈同生一起到巴金家闲谈、午饭:"这天的午餐不错,吃了九姑做的两三样四川菜,萧珊从锦江买来带鱼,还喝了大半杯白兰地。进餐前罗荪来了,后来他要我去他家里看看。因为有点醉意,又很疲乏,我坐同生的车直接回了东湖。"——这里的"九姑"当为巴金的九妹。沙汀还提到一件"印象很深"的事情:"离开锦江时,巴金把我送他的五听灯影牛肉拿出两筒用我的名义送了同生,这个人真厚道,也真聪明,他使我摆脱了一次窘境……"晚饭在华侨大厦,沙汀说:"福建菜很不错,酒也喝了不少。到了最后,张鸿差点给灌醉了,但萧珊醉得最凶。"⑦福建菜是当时华侨饭店的特色;萧珊喝醉,不知何以如此尽兴?

新雅酒楼

曹聚仁写过"新雅茶室":"本来北四川路横浜桥,有一家新雅酒楼,规模不大,吃的是广东茶点。文化界熟朋友,在那儿孵大的颇有其人。傅彦长君,他几乎风雨无阻,以新雅为家;他坐的档口,正对着楼梯口,他说这样可以研究来客的心理。熟朋友的茶钱,他照例会账,做个小小孟尝君。我素来不爱好吃广东点心,所以不常去。后来南京路的新雅开张了,那才是大场面,与香港的金汉、丽宫相仿佛,因为交通便利吧,我倒常去。"⑧四川路是新雅茶室的最初发源地,位于北四川路534号(今四川北路1600号),抗战全面爆发前两年,巴金也常在这里会友人、处理稿件。

---

⑥ 巴金1963年5月2日日记,《巴金全集》第25卷第237页。
⑦ 沙汀1963年5月2日日记,《沙汀日记》第367、368页。
⑧ 曹聚仁:《新雅、大三元》,《上海春秋》,生活·读书·新知三联书店2016年版,第309页。

1931年,"新雅"的经营者拍得新地块,建起当时沪上最大的粤菜馆,更名"新雅粤菜馆",便是位于南京东路719号的新址。这里对于巴金夫妇来说有着特殊的意义,这是他们第一次相见的地方,当时萧珊还是一位高中生,先是与巴金通信,后来寄了照片给巴金,两个人在此见面。60年代,他们二人又来故地吃饭。1965年4月28日,他们夫妇先是去提篮桥上海港务局第三装卸区观看"上海港操作技术比武运动会",大雨中止运动会后,"我和萧珊在四马路中国图书发行公司下车。我到新华书店服务部和外文书店买了书,又同萧珊到南京路'新雅'吃中饭。饭后我们还到永安公司等处逛了一下,后来雨又大了,坐三轮车回家,还去外文旧书门市部买了些书"⑨。他们还曾和友人在这里吃过饭。如1964年请越南学者邓泰梅:"九点一刻姜彬陪同邓泰梅来访(由一位李同志担任翻译),谈到十一点二十分,我和萧珊同他们乘对外文协车去新雅酒楼,我们请邓泰梅在三楼吃中饭。一点后送邓泰梅回和平饭店。"⑩还有一次是王辛笛请巴金夫妇在这里吃饭:"辛笛来电话约我和萧珊去南京路新雅酒家吃中饭。……十二点到'新雅',辛笛已先到。饭后同去'凯士林'(旧名)喝咖啡。"⑪

唐鲁孙说:"南京路的新雅,是以环境清洁卫生称雄上海的。我们常说,饭馆的菜虽然好吃,可是厨房不能看;人家新雅的厨房可不同啦,不但不怕人看,而且欢迎客人前去参观。欧美人士到上海,最喜欢到新雅吃饭,因为他们看过厨房如此干净,可以放胆大嚼,不必担心泻肚啦。新雅菜的特点,用油比较清淡,北方人吃起来,也许觉得味道不够浓厚,可是恰好适合欧美国际友人的口味。每到饭馆门口楼下楼上,举目一看,外国仕女,真比中国人还多。他家小型冬瓜盅,是最受顾客称赞的。冬瓜只有台湾生产的小玉西瓜一般大小,又鲜又嫩,比肉厚皮粗的大冬瓜,简直不可同日而语了。他家煎糟白咸鱼、辣椒酱,都卖小碟,是最佳的下饭菜。到新雅来吃饭的客人,不论中外,这两个物美价廉的菜,总是少不了的。"⑫

---

⑨ 巴金1965年4月28日日记,《巴金全集》第25卷第515页。
⑩ 巴金1964年9月8日日记,《巴金全集》第25卷第422页。
⑪ 巴金1965年3月2日日记,《巴金全集》第25卷第486页。
⑫ 唐鲁孙:《吃在上海》,《中国吃》第108、109页。

绿杨邨酒家

总店位于南京西路763号,创建于1936年,店名取自王士禛词《浣溪沙·红桥》中一句"绿杨城郭是扬州",很显然这里是以扬州菜为主的,后来也增加川菜品种。1965年,巴金曾在这里宴请日本友人中岛健藏和白土吾夫两夫妇:"六点前罗荪坐作协车来,我和萧珊同他去拜访中岛。在中岛房里坐了半个多钟头。我请中岛夫妇和白土夫妇在'绿杨邨'吃晚饭,请罗荪、秦怡、袁冬林和王晓云作陪。吃完饭中岛已有醉意,在'绿杨邨'坐了一会,又去锦江饭店中岛房内闲谈,同萧珊回家已过十一点。"[13]据资料介绍,此时绿杨邨酒家已经颇具规模,该店于1957年扩大为五开间门面,餐厅有四层,座位数有五百多个。

德大饭店

"六点后和萧珊同朱梅去四川路德大饭店吃'鸡素烧',辛笛后到,饭后同乘二十路无轨电车,到上海咖啡馆喝咖啡。九点和萧珊坐三轮车返武康路。"[14]这是1963年底,巴金夫妇和朋友光顾德大饭店的记录。这家餐馆位于四川中路359号,靠近南京东路口。这是一家历史悠久的西菜社,创立于1897年,当时在塘沽路177号开店,名为"德大牛肉庄"。"德大"之名有人说是根据供应德国大菜这个经营特点而来的,生意兴旺后改为"德大饭店"。1946年7月,它迁至四川中路359号,以德式风味西餐为主,牛排很出名。2008年迁到南京西路473号。巴金等人吃的"鸡素烧"就是我们现在说的"寿喜锅"。据相关资料介绍:德大经营的各种日式菜肴是当时其他沪上饭店少有的,特别是每年冬季供应的日式火锅[15]。令董乐山印象深刻的是这里的牛排:"一块牛排又厚又大,几乎有两个手掌大,即使是关照侍者要'Well done'(即烧得烂一些的),也是一刀下去会冒出鲜血来的。国人胃口小,一般只吃了四分之一或三分之一就吃不下去了。"[16]

---

[13] 巴金1965年11月26日日记,《巴金全集》第25卷第596页。
[14] 巴金1963年12月19日日记,《巴金全集》第25卷第332页。
[15] 李宏利、范博:《舌尖上海:南京路上老味道》第298页。
[16] 董乐山:《旧上海的西餐馆》,《董乐山文集》第1卷,河北教育出版社2001年版,第224、225页。

美心酒家

1959年春天,巴金的继母过生日,巴金在北京出席第二届全国人大第一次会议,萧珊在家里张罗,吃了两次生日宴,第一次是从美心酒家订的桌菜:"你信到得迟一天,老太太生日已过,但吃饭的时候,我还是代你敬一杯酒。那天素菜很好,比外公生日那天好。而且前一天我们还吃了荤菜,是美心定的桌菜,质量比以前差多了,但有大块的肉和鸭子,孩子们吃得很高兴。父亲也来的,所以那天京戏票退了。我送老太一床毛巾被、枕套和拖鞋,都是她实际需要的。采臣给老太汇款十元,也是第二天才收到。总之老太太那两天过得很愉快。"[17]美心酒家创立于1924年,当时位于虹口区武昌路、崇明路口。1937年,迁至淮海中路、陕西南路口。2006年市政改造迁出淮海路到华山路的百联徐汇商业广场(当时称新路达广场)五楼,后因经营不善而歇业。沪上很多老字号的酒店都有此困境,离开"原生地"后,便慢慢消失了。

大同酒家

大同烤鸭酒家,位于淮海中路725号,以粤菜为主,2003年10月因动迁关闭。网上有人说这里的包子特别好吃,它出现在巴金日记中正是吃豆沙包:"六点半晚饭,牙肉仍有些肿痛,只吃了两个豆沙包(这是我上午在淮海路大同酒家买来的)。"[18]

老大昌

老大昌面包房,在茂名南路与淮海中路的转弯角,是一家久负盛名的点心店,奶油蛋糕很出名。巴金的家原来就在这对面的淮海坊,他的孩子的童年时代是在这里度过的,对这周边的各种店都很熟悉。巴金曾带孩子来这里吃点心。"一点后冯伯九来,约我们全家四口人去虹口公园拍摄影片。在老大昌吃点心,带小林、小棠到陕西南路购唱

---

[17] 萧珊1959年4月19日致巴金信,《家书》第305页。
[18] 巴金1963年8月14日日记,《巴金全集》第25卷第282页。

片。"⑲ "六点带小林、小棠去国泰戏院看英国影片《士兵的经历》。散戏后又同他们去'老大昌'吃点心。然后又带小棠去延安饭店拜访陈英、金兰两位,出来还到郭小川的房间去看了看。"⑳ 1964 年,巴金给岳父过生日的生日蛋糕也是在这里买的:"五点后到茂名路口'老大昌'购生日蛋糕,即去岳父家吃晚饭,今天是岳父的生日。"㉑ 1963 年,他与赵家璧、卞之琳、王辛笛还在这里喝过咖啡:"十二点一刻后到洁而精餐馆,家璧请之琳、辛笛和我在那里吃中饭。饭后我请他们到'老大昌'喝咖啡。两点半返家午睡。"㉒

江夏点心店

这也是一家留在很多上海人记忆中的小店,位于淮海中路 940 号,相当于今天百盛楼下地铁口出口小广场的位置吧。"江夏"是湖北的地名,店里也是以武汉的小吃为主,有名的是三鲜豆皮和龟汤。1965 年 5 月 10 日,巴金夫妇来吃的也正是这两样:"两点同萧珊出去,先到东湖电影院,却买不到今天《延期审判》(民主德国故事片)的票子,只好走到瑞金路开瑞服装商店,定做制服,经过淮海坊对面的江夏点心店时,我们进去吃了豆皮和龟汤。在开瑞服装商店定做一套中山装和两条长裤,等了将近一个半钟头。"㉓ 差不多一周前,巴金想来这里吃点心,却吃了闭门羹;改去附近的乔家栅分店也不成,只好去美心酒家:"萧珊送兆和回作协,再去淮海中路江夏点心店,我和小棠坐车直接去'江夏',罗荪夫妇在那里等我们。没有想到'江夏'中午停止营业。改去南昌路乔家栅分店,那里中午也不开门。最后决定到美心酒家。罗荪请我们吃了中饭。"㉔

巴金去过的店家当然不止上述所列这些,比如柯灵夫妇就曾请他们去"老饭店"吃过饭:"柯灵夫妇约我和萧珊到城隍庙'老饭店'吃中饭,十一点后从我家出发,到了'老饭店'已近十二点,饭后到新产品试销店和豫园走了一转,分别坐三轮车回家,已近三

---

⑲ 巴金 1962 年 11 月 28 日日记,《巴金全集》第 25 卷第 189 页。
⑳ 巴金 1963 年 4 月 9 日日记,《巴金全集》第 25 卷第 229 页。
㉑ 巴金 1964 年 3 月 1 日日记,《巴金全集》第 25 卷第 357 页。
㉒ 巴金 1963 年 10 月 14 日日记,《巴金全集》第 25 卷第 305 页。
㉓ 巴金 1965 年 5 月 10 日日记,《巴金全集》第 25 卷第 521 页。
㉔ 巴金 1965 年 5 月 2 日日记,《巴金全集》第 25 卷第 517 页。

点,颇感不适。"㉕ 这也是颇有历史的饭店,有人说它是上海菜的发源地。吃什么,在哪里吃,有时候也未必都是按照个人口味或什么规律,何况,人的口味也可能此一时彼一时,因此,非要问一个为什么这家去了,但没有去那家,也未必能讲出道理。吃饭,除了个人意愿外,也还有出面请客人的偏好选择了,这又是由不得哪一个人的事情。

1934年建成的百老汇大厦,1951年改称上海大厦(图片出自姚丽旋编著《美好城市的百年变迁》)

五

巴金的"公务接待"也不少,常去的地方有:国际饭店、和平饭店、上海大厦和锦江宾馆等,这些都是上海市机关事务管理局下属的饭店(宾馆),接待的多为国际友人和国内一些"有职务"者。作为工作任务,巴金任劳任怨去完成,有时候,一天要跑好几个地方,比如1964年7月29日:

1929年建成的华懋公寓,1951年改为锦江饭店南楼(图片出自姚丽旋编著《美好城市的百年变迁》)

> 九点一刻坐对外文委车到和平饭店陪同越南代表团到上海大厦十七楼看上海全景,然后到中苏友好大厦参观上海工业展览会。十二点前返和平饭店。休息一刻钟,陪同越南代表团到"国际"十四楼出席金仲华的宴会。两点送外宾返和平饭店,到国际旅行社取车票后回家。午睡约一小时。阿圆来。晚饭

㉕ 巴金1966年4月11日日记,《巴金全集》第26卷第45页。

后对外文协车来接我去和平饭店,休息二十分钟,陪外宾去车站。越南和大代表团离沪去杭访问……"[26]

这些接待都与巴金兼任的社会职务有关,有时他是主要接待者,也有陪同其他市领导出面接待的情况,如:"十二点罗荪来,同乘作协车去国际饭店十五楼赴石西民便宴,在座有翰笙夫妇、凌鹤夫妇、白羽、夏征农、陈其五、夏梦……各位。共两桌。"[27]当天的主人是石西民。另外一次是曹荻秋:"六点对外文协车来,接我和白杨、沈柔坚、袁雪芬去和平饭店,出席曹荻秋欢迎朝中友协代表团的宴会,九点四十分宴会结束,坐金公车回家。"[28]作为作协上海分会主席,巴金出面接待中国作协领导刘白羽、郭小川:"下午六点前和郭小川同去国际饭店,我和罗荪、吴强、任幹、以群、姜彬、峻青、哈华、芦芒请小川、白羽两位在十八楼吃饭。"[29]他还经常接受对外文协安排的任务,接待外国作家:"两点前乘对外文协车去机场欢迎日本作家代表团,见到龟井胜一郎、武田泰淳、由起重子、大冈升平各位,陪他们到和平饭店,并同他们谈日程。后来在马烽房内坐了一个半小时,同马烽、罗荪、杜宣在和平饭店十一楼吃晚饭。饭后休息一会,陪龟井、大冈两位去人民大舞台听歌剧《社长的女儿》。散戏后送龟井、大冈回旅馆,再乘车返家,已过十点半钟。"[30]"六点后罗荪乘对外文委车来,接我去和平饭店。作协今晚七时在和平饭店七楼宴请肯尼亚作家联盟主席加京格里和他的秘书凯尼卡。便宴九点半前结束,回家还不到十点。"[31]

在锦江饭店,除了吃饭以外,巴金还几次提到看电影:"下午三点罗荪来。六点三刻作协车来接我和以群、吴强同志同去锦江小礼堂陪郭老看电影(金采凤主演的越剧片《碧玉簪》和木偶片《红云岩》)。郭老明天便要坐火车回北京,他的精神很好。"[32]——看电影一直是巴金的爱好,有时候他自己也来放松一下。"晚上七点金公乘车来接我去锦

---

[26] 巴金1964年7月29日日记,《巴金全集》第25卷第405页。
[27] 巴金1963年1月1日日记,《巴金全集》第25卷第201页。
[28] 巴金1963年9月25日日记,《巴金全集》第25卷第298页。
[29] 巴金1963年3月21日日记,《巴金全集》第25卷第223页。
[30] 巴金1964年3月21日日记,《巴金全集》第25卷第361、362页。
[31] 巴金1964年6月7日日记,《巴金全集》第25卷第390页。
[32] 巴金1962年12月7日日记,《巴金全集》第25卷第191、192页。

江小礼堂看了两部影片:英国片《金屋泪》和法、意合拍的《船》。"㉝ "七点半前作协车来接我去锦江小礼堂,看了两部美国影片《在海滩上》和《匈牙利××》。"㉞

当时他们的活动,还有一个保留节目,登上上海大厦的顶楼看上海的全景:"六点三十五分到上海大厦十七楼。七点罗荪、冰心陪三宅艳子来。七点二十分便宴开始,大家都讲了话,气氛友好,亲切。宴会结束后,大家吃冰淇淋聊天,谈到九点三刻,还出去在阳台上看上海夜景。回家已过十点。"㉟ "九点一刻坐对外文委车到和平饭店陪同越南代表团到上海大厦十七楼看上海全景,然后到中苏友好大厦参观上海工业展览会。"㊱

欢迎和招待外国的代表团或友人这些外事活动,占用了巴金大量的时间,在他的日记里出现相当多的这样记录:"两点作协车来,即乘车去市人委大礼堂出席上海人民纪念日内瓦协议十周年、支持越南人民反对美帝侵略斗争大会。大会结束后放映了两部纪录片(其中一部是越南南方代表团带来的贝却敌在南方解放区采访活动的纪录片)。六点三刻后乘车去国际饭店十四楼,赴欢迎南方代表团的宴会。宴会结束回家不过九点多钟。"㊲ "六点半前作协车来接我去锦江饭店十四楼,我代表作协设便宴招待罗马尼亚作家埃乌坚·巴尔布和诗人亚历山德鲁·安德历左尤,宾主谈得相当融洽。九点前客人告辞。回家已过九点一刻。"㊳

这些活动常常令他应接不暇,每天回到家里已经是疲惫不堪。他的日记中也曾记过:"晨七点三刻国宾接待会派车接我去机场欢送苏班德里约博士。机场上冷气扑面,两耳剧痛。陈总陪外宾去广州,上机前他见到我,笑问:'怎么你也来站队?'我笑着回答:'我来送你啊。'"㊴陈毅显然很同情巴金,巴金一方面觉得这样的忙碌工作,才是真正"为人民服务",一方面又为没有时间从容写作而焦虑,这也是他们那个时代的作家所

㉝ 巴金1963年3月1日日记,《巴金全集》第25卷第217页。
㉞ 巴金1963年3月4日日记,《巴金全集》第25卷第218页。
㉟ 巴金1963年8月18日日记,《巴金全集》第25卷第284页。
㊱ 巴金1964年7月29日日记,《巴金全集》第25卷第405页。
㊲ 巴金1964年7月17日日记,《巴金全集》第25卷第401页。
㊳ 巴金1965年6月12日日记,《巴金全集》第25卷第533页。
㊴ 巴金1963年1月7日日记,《巴金全集》第25卷第203页。

面临的普遍问题。

六

　　吃,只是文人们相聚的一种缘由,更重要的是,大家在一起有观点的交流、思想的碰撞、友情的传递。时光流转,回首往事,回味的不仅是文人轶事,而且可以看出人在历史漩涡中的命运。

　　在1962年底到1963年初夏的巴金日记中,刘白羽的名字频繁出现。他本来是中国作协的领导,工作繁忙,可是这一次却不同:他的儿子患了不治之症,来上海治病;他长期精神紧张,身体也不好,趁机休假、疗养,这才有机会与上海朋友不断相聚。1962年11月16日,江南吃蟹的季节,巴金"和萧珊同去东湖招待所,在白羽、汪琦处吃螃蟹,同桌的人有罗荪夫妇、吴强、丁宁各位"㊵。两天后,"白羽、汪琦来借'小人书'"㊶。大作家借"小人书",原来是为了给病中的儿子解闷儿,刘白羽晚年在回忆录中特别提到此事:"一直等到晚间七点,她回来了,眼睛明亮,两颊泛红,她说:'刚好有人出院,腾出病床,滨滨搬上六楼,两人一个病房,滨滨很高兴。'我们这时能做的,就是给孩子以更多的抚爱,更多的安慰。草草吃过饭,我们就到巴金、萧珊那里去了。萧珊说过:'小棠有很多很多连环画。'她见我们来借连环画,便十分热情地打开一间小房间,引我们进去。这是连环画书库,里面堆得满满的。小棠十分热心地向我们推荐、挑选——他把他心爱的书都捧了出来,结果我们带了一大包回到住处。第二天,我们提了一包书到医院去,到了滨滨住的病房……"㊷新年即将到来,巴金夫妇又去"东湖"看望刘白羽夫妇:"作协车来接,和罗荪、萧珊同去东湖招待所看白羽夫妇,谈到十点。"㊸这样的记录还有很多,1963年1月3日:"下午五点半钟陈同生乘车来约我和萧珊去文化俱乐部吃饭,并到东湖招待所约翰笙、白羽、汪琦同去"㊹。那一年元宵节刚过,"四点和萧珊同罗荪夫妇去东湖

㊵　巴金1962年11月16日日记,《巴金全集》第25卷第186页。
㊶　巴金1962年11月18日日记,《巴金全集》第25卷第187页。
㊷　刘白羽:《心灵的历程》下册,中国青年出版社1994年版,第1230页。
㊸　巴金1962年12月29日日记,《巴金全集》第25卷第199、200页。
㊹　巴金1963年1月3日日记,《巴金全集》第25卷第202页。

招待所看白羽"⑮。

孩子生病,治疗无望,又在异地,巴金夫妇和上海的朋友们用各种方式宽慰刘白羽夫妇,这令他们感受到"家庭的温暖":

> 就在我一生最困难的处境里,许多朋友向我伸出了友谊之手,以群一家人都在照料着我们……我才知道萧珊是一个多么热情、多么明朗、多么纯洁的人。她像一个圣者,那样自然地来到我的苦难之中,她的言谈笑语一下使我从地狱回到人间,世间有什么比友谊更温暖更珍贵?而萧珊同巴金的到来给我们那寄居的厅堂,带来了家庭的温暖。⑯

1963年5月,儿子的病情发展,无法继续治疗,只好返回北京静养。临行前一天晚上,刘白羽夫妇去巴金家辞行:"恰好巴金外出了,萧珊热情地接待了我们。汪琦在这苦难时期,从萧珊身上得到亲姊妹一样的支持,最后握手告别时,汪琦有些凄然,萧珊还在安慰着她。"⑰第二天,刘白羽担心儿子虚弱的身体撑不住火车的长途颠簸,焦虑不安,这个时候,巴金夫妇又出现在他的面前。"我明白他(巴金——引者)是有意来陪伴我的,但他只字没有提到这一点。傍晚萧珊来了。我们围坐在沙发上,谁也没提滨滨的事,谁也没露出一点担忧的神色,但是我知道他们也许比我还清楚滨滨生命的危险,但他们理解我此时正为滨滨担忧,是多么痛苦,他们是来和我共同承担这个可怕的时间的。我们都不知道滨滨能不能活着回到北京……"接到报平安的电话,他们才如释重负。多年后刘白羽感叹:"在我孤身一人处于绝境时,有什么比这种支持更重要、更珍贵的吗?有什么比这种情谊更深沉的吗?我无论如何不能忘记这是朋友搀扶着我过来的,这一点永远不能忘记。"他认为:"他们用他们的生命之火点燃了我的生命之火。"⑱

纯真的友情令人感动,但是,另外也有一种友情会让人伤心。在巴金自1962年11月至1965年底的日记中,涉及赵家璧的就有57次⑲,可见他们是交往相当密切的朋友。

---

⑮ 巴金1963年2月10日日记,《巴金全集》第25卷第212页。
⑯ 刘白羽:《心灵的历程》下册第1231页。
⑰ 刘白羽:《心灵的历程》下册第1240页。
⑱ 刘白羽:《心灵的历程》下册第1241、1242页。
⑲ 赵家璧的女儿赵修慧在《他与书同寿·赵家璧》一书中的统计。

有关吃饭的记录也不少,多为赵家璧请巴金。1964年11月的一天:"再去市政协学习,两点半开始,五点半结束。到楼下看家璧,送松山芭蕾舞团'祗园祭'的票子给他,他请我和萧珊在'天鹅阁'吃晚饭,萧珊后到。回家不过八点。"[50]还有一次在德兴馆:"六点一刻我和萧珊送走蔡公,便乘车去十六铺。家璧一家请我们在'德兴馆'吃晚饭,辛笛夫妇和济生已先到。九点后从'德兴馆'出来,和家璧他们同车(二十五路)到外滩,再转车(四十八路)到华山路,返家已近十点。"[51]1966年5月20日下午,巴金与赵家璧在政协学习:"五点半结束。家璧请我到王家沙点心店吃面和生煎馒头……"[52]

他们是20世纪30年代初就订交的好朋友,二人都有主持出版社的经历,巴金很欣赏赵家璧在出版上的成就和才干,最有力的证据就是,他自己的《爱情的三部曲》《短简》《第四病室》《寒夜》等作品都是交给赵家璧主持的出版公司出版的。特别是后两种,在巴金自己主持的出版社同样面临困难的情况下,舍己为人,把书交给赵家璧,支持他恢复出版社。巴金去世后,赵家璧的子女在唁电中说:"抗战后期,李伯伯用心和笔帮助我家度过了因金城江大火而遇到的难关,更是我们祖祖辈辈不会忘却的恩情。"[53]然而,他们的友情还是遭到时代的狂风暴雨的摧残,在那些特殊的岁月里,赵家璧被迫说了一些对巴金很不利的话,尤其令萧珊伤心。风平浪静后,赵家璧虽然第一时间用不同方式向巴金道歉,巴金也没再放在心上,可是巴金的家人未必能够完全接受,他们两家的来往再也没有以前那么密切了。赵家璧心存愧疚,他曾嘱咐子女:"如果巴金走在他后面,一定要给他献上一只花圈。"[54]

人在历史中,如一叶扁舟飘落在浩瀚的大海,有时候很被动,并不清楚是什么力量在推动着它向前走,也不清楚将到哪里,只是停不下来。1966年的夏天,巴金和他的朋友们或许就是这样。那是一个特别炎热的夏天,"餐厅里也很热,大家拚命喝水""主席台上非常热,不仅我浑身湿透,坐在前排的金公和坦桑尼亚代表团团长哈桑尼的背也全

---

[50] 巴金1964年11月20日日记,《巴金全集》第25卷第446页。
[51] 巴金1964年5月31日日记,《巴金全集》第25卷第387页。
[52] 巴金1966年5月20日日记,《巴金全集》第26卷第60页。
[53] 赵修慧:《为巴金六部传世名作当编辑》,《他与书同寿·赵家璧》,东方出版中心2009年版,第77页。
[54] 赵修慧:《为巴金六部传世名作当编辑》,《他与书同寿·赵家璧》第77页。

湿了"⑤。从6月2日到8月7日，巴金作为中国作家代表团的副团长，在北京、武汉、杭州、上海等地筹备和出席亚非作家会议。每天应对繁忙的外事活动，同时，还要关心会场外面轰轰烈烈开展起来的"运动"，身累心也累。在上海的活动有两个时段，一是7月中下旬，另外是8月上旬，这中间有几天是在杭州。那两段时间，连续数日，巴金在上海几个重要宾馆、剧场、机场和火车站之间奔波。如8月1日："六点一刻作协车来接胡德华、唐铁海、徐景贤、芦芒和我去友谊电影院，郭老在楼下咖啡厅举行招待酒会，欢送参加亚非作家北京会议的外宾，并欢迎森纳那亚克夫妇。酒会七点前开始，我和家宝招待菲律宾代表团。八点半前酒会结束，即乘原车去市人委礼堂，在休息厅和文井、李储文同巴基斯坦代表西迪基闲谈一会，外宾到齐后同看芭蕾舞剧《白毛女》，这是第五次看《白毛女》了，仍然很感动。"8月4日："今天还是很热，八点半洗澡，下楼休息。学习《语录》。中饭后午睡两小时。学习《语录》。六点前吃晚饭（干

1966年夏天，巴金（右六）与刘白羽（右四）和出席亚非作家会议的外国代表在火车站

1966年夏天，巴金（右六）在机场送别出席亚非作家会议的非洲代表团

---

⑤ 巴金1966年8月2日日记，《巴金全集》第26卷第104、105页。

面一碗)。六点三刻后雇三轮车去锦江饭店陪外宾去市人委礼堂出席音乐舞蹈晚会。坐'中南路'大轿车,张永枚要我向津巴布韦代表绍安胡做工作,到了市人委礼堂,陪绍安胡看了节目。晚会结束,台上台下齐唱《大海航行靠舵手》,情绪热烈。散场时胖达汉用中国话连声高呼'毛主席万岁!',大家都跟着高呼。坐原车回锦江饭店。在草坪上和老挝代表团团长乌达玛谈了一会,又招呼了一些熟人。"㊉

紧张的会议结束了,分别时刻,大家依依不舍,巴金心中还有对命运的隐忧。1966年8月5日,"上午学习《语录》",酷暑中去虹桥机场送外宾,"其中一位代表落了泪"。接着又赶到龙华机场送人,"一点半前起飞,松冈洋子和高桥彻都是热泪盈眶,我也很激动"。8月7日,"头昏,人不舒服;热得难受。看报。学习《语录》"。午后,在暴雨中出门赴机场,"衣服都打湿了"。完成任务后,晚上去听报告:"七点作协车来接我和杜宣、姜彬、哈华、峻青去文化广场,听刘主席、周总理、小平、陈伯达、康生、李雪峰、江青等同志对北京大专学校革命师生员工讲话的录音。"8日,上午到作协开会,"讨论昨晚听的录音报告",午后再去机场送人,"晚饭吃干面一碗,饭后在廊上乘凉。听广播,听《中共中央关于文化大革命的决定》(十六条),共三次"㊼。送走了代表,暴风骤雨即将来临。

巴金早有预感。那年年初,他们在上海为方令孺庆祝七十岁大寿,朋友相聚,大家高高兴兴,不过,巴金说:"我觉得我的上空乌云正在聚拢,一阵暴雨就要倾注下来。"七月底,他到西湖参加亚非作家"湖上大联欢"。"我以为九姑(方令孺——引者)会出来接待远方的客人,可是在这里连一个文联或者作协分会的熟人也看不到。说是都有问题,都不能出来。我不敢往下问,害怕会听到更可怕的消息……回到上海,送走了外宾,我自己也受到围攻,不能出来了。"㊽他们此生再也没有机会相见了……那个夏天,对于巴金和他的朋友们来说,仿佛是"最后一个夏天",他们惯常的生活节奏被打破了;以前的那些日子,好像是一首歌的名字:夏日里最后一朵玫瑰。

㊉ 巴金 1966 年 8 月 1、4 日日记,《巴金全集》第 26 卷第 104、106 页。
㊼ 巴金 1966 年 8 月 5、7、8 日日记,《巴金全集》第 26 卷第 106—109 页。
㊽ 巴金:《怀念方令孺大姐》,《巴金全集》第 16 卷第 303、304 页。

笔底波澜，海上一粟

王金声

刘海粟（1896—1994）为中国现代著名画家、美术教育家，他勇于变革，敢为人先，在美术教育、美术创作、艺术理论等领域留下一笔浓墨重彩的印记，被誉为"新美术运动的拓荒者、现代艺术教育的奠基人"。若论我与海翁的交集，除了家中藏有其画作外，也曾有幸亲见。20 世纪 80 年代初，我曾追随乐秀镐先生轧淘，一同拜谒海翁于"上海大厦"的"存天戏海之楼"，不但亲聆乡音謦欬，畅言无拘，豪情恣意不减当年，并获其嘱秘书袁志煌转赠《忆陆小曼》一文的抄稿，殊感其高谊可风。时至今日，海翁裹着大红高领提花毛衣、嗓门特大的鲜活形象仍历历在目。

我家藏过两张刘海粟早年的国画，一幅是临石涛的山水（已佚），跋语中有"与大涤子血战"；另一幅是摹朱耷的游鱼图（尚存），为题"却似八大山人"，足见海翁对自己的底蕴和笔墨功夫相当自傲，尚能与石涛一拼，也不比八大山人的差。平心而论，他确实有本事，自幼习字习画到少年私塾求学，一直接受颇为正统的教育，14 岁那年离开故乡常州来到上海，在八仙桥旁一家布景画传习所，跟了一位叫周湘的老画师研习西洋美术及水彩画法，接触到大量西洋画册后，喜欢上了油画。后来老师安排学生外出写生，他顺便上街买了绘制油画的材料，尝试临摹。从此一发不可收，在短短两年内完成西画的体验与中国美术的融和，年仅 16 岁即崭露头角并脱颖而出。他以开风气之先的胆识与勇气，创办了上海图画美术院（上海美专），成为我国现代美术教育的开拓者，培养出包括徐悲鸿（1913 年就读）、朱屺瞻在内的众多优秀人才。同时，首创男女同校，并最先开设人体写生课，因而遭受保守势力的谩骂和攻击，甚至被军阀孙传芳通缉，扣上一顶"艺术叛徒"的帽子，备受世人的关注。30 余年弹指一挥间，临近上海解放时，刘海粟接到当局通知，让他撤离上海去台湾，经过一番深思熟虑，刘海粟决计留下迎接解放。

刘海粟隐居了个把月后，上海远处传来隆隆炮声，5 月 25 日解放军攻入市区，解放了苏州河以南大片地区，上海美专学生朱瑚接到地下党的指示：马上组织学生护校并绘制巨幅的毛泽东、朱德等人画像以庆祝解放。朱急忙赶回学校,路过复兴中路巧遇刘海粟校长和训导长同坐一辆三轮车,刘海粟见到朱瑚也异常激动,并一同赶往学校。刘校长当即吩咐自己的助教马承镳连夜绘制5米高的毛泽东油画像,并指示总务处支付画材的全部费用。5月27日大清早,市区居民惊喜地发现,老上海地标建筑"大世界"的塔楼上悬挂起巨幅毛泽东画像,顿时轰动了整个上海。第二天,全民庆祝解放的游行队伍如大潮涌来,刘海粟驻足街头,欣喜地发现,领队方阵竟是他的美专学生。他们肩扛自制的领袖画像,手执横幅彩旗昂首前行,他刹那间为之动容。

  1949年以后,刘海粟倡导的新兴艺术流派与徐悲鸿推崇的古典写实主义路线相左,刘海粟归于沉寂,默默耕耘。1952年全国高校院系调整,上海美专与苏州美专、山东大学艺术系合并成立"华东艺术专科学校",随即波澜又起。对刘海粟的倾轧来自徐悲鸿,他对教育部任命刘海粟为华艺院长一职发难,后经周总理调停,刘海粟的任命才得以通过。学校搬迁至无锡社桥后,刘海粟在全校师生见面会上反复阐明:陈毅市长让我出任华东艺专校长,我说我能力不够,需要学习。陈毅市长说:你不要做具体事情,学校的事情让他们去干,你主要从事创作。刘海粟的发言获得了在场师生的热烈拥护,年底华东艺专正式宣告成立。

  1953年6月,刘海粟携早年旧作《群牛图》赴京参加首届全国国画展览,此画再度引发争议,徐悲鸿质疑刘画系抄袭之作,审稿时"怀挟成见"(叶恭绰语)坚主不选,唯有评委叶浅予力争,既无实证不作理会,《群牛图》始得入选,值此懑烦,刘海粟几乎搁笔,不久徐悲鸿溘然早逝,两人的恩怨就此划上句号。

  记得海翁的画上常铃一方"静远堂"的印,意在喧嚣中独守静谧,闲暇时沉吟驰想,这是宁静致远。世间的天才,固有其独具的创造力,其感悟力也非同常人,历经数年社会主义大熔炉的改造,刘海粟不禁想起当年也曾起草《美专野外写生团规则》以及带领学生跑到杭州西湖旅行写生的经历,便悄然从塞尚的后印象派风格蜕化,重回写生路线,表明他为艺术而顺应时代的决心和积极的姿态。

  带领华艺的学生去野外写生,富春山水就成了刘海粟的首选。"由于郁达夫的妙文和当年口头描述的启迪,也为了寻觅故人的诗踪,我曾经几次到浙皖之间的富春江流域去写生。这条江,澄碧如染,曲折处如青龙曼舞,腾空飞下,有些河床直如利剑,劈开群山,仪态万方,自萧山至梅花城,二百余里,是活的山水屏风,在朝曦晚霞中变化无穷,开阖舒卷,一股清气,沁人心脾。"(刘海粟:《漫论郁达夫》)

检《刘海粟年谱》,1955年10月:游富春江,作中国画《富春江渔乐图卷》,又作《富春江严陵濑雨雾》赠臧云远。

"我还到过七里泷去凭吊过严子陵,石级陡峭,两边茑萝夹道,古树虬蟠,石牌坊上刻着'千古异人'的横额,祠堂梁头悬着'高尚其志'的大匾。子陵塑像,清瘦飘逸中饱含着洞察生活的睿智,超脱中无不隐痛。不知什么原因,这一切都使我格外思念达夫,要是我们联袂来游,能添多少乐事啊!达夫异邦客死,化作沃土润奇花,他和严光一样不可得而见,我总算找到了孕育少年达夫成为诗人的环境,便奋笔写下了十几张油画,还有国画《严濑秋色》、《富春江》等多幅。"(刘海粟:《漫论郁达夫》)

检《刘海粟年谱》,1962年7月15日:我在富春江一天内连画了三张油画,那时气温经常在三十七度以上,纵然我已是满身痱子,双手紧缚着手套,每天清早就到工地作画。努力以求创造出具有鲜明思想内容的作品来,在于热衷于描写人民在改造大地改变自然风景中所起的作用。

1962年6月29日:作油画《严子陵钓台观富春江》。

1962年6月30日:在富春江七里泷作油画《七里泷》。

刘海粟从中得出一个结论:"我的体会是:青年画家不精读达夫的游记,画不了浙皖二省间的山水;不看钱塘、富春、新安,也读不通达夫的妙文。他的这些作品根植于他对乡土的赤子之爱,其生命力必然比小说久远。"(刘海粟:《漫论郁达夫》)

笔者试图根据已知的(记载)和现存刘海粟所作的富春江系列画作做一番汇总梳理和考证。

1955年《富春江渔乐图卷》(据年谱)、《富春江严陵濑雨雾》赠华东艺专副校长臧云远(据年谱)。

评论文章《谈全国国画展中两幅山水画》

刘海粟《富春江严濑》

刘海粟《富春江严陵濑朝雾》

1956年7月,《富春江严陵濑雨雾》参加第二届全国国画展览会,老画家胡佩衡在《人民日报》上发表评论文章《谈全国国画展中两幅山水画》,对刘海粟的画赞誉有加。

《富春江严濑》:"丙申(1956年)大暑,偶忆富春江严濑,写为唐弢同志友爱博粲。"右题:"群峰此峻极,参差百重嶂。清浅既涟漪,激石复奔壮。神物徒有造,终然莫能状。"此画在中国嘉德2011年秋季拍卖会上高价释出。

《富春江严濑秋色》:"一九五六年七月,刘海粟写。"再题:"片冈峻先生正,海粟。"(见《海派(第3辑)》封面)此画由时任上海市副市长曹荻秋赠送给来沪参加"日本商品展"的展览团副团长片冈峻先生。据《人民日报》报道:1956年12月1日"上海日本商品展览会"在中苏友好大厦开幕,共展出26天,观众达165万多人。此画系笔者从东瀛购回。

1956年12月,上海人民美术出版社出版发行印刷画片《富春江严陵濑朝雾》,此作当为刘海粟自存,其幼女刘蟾曾在文章中提到:"……原先,屋子的一楼是汽车间和厨房,二楼的左侧是餐厅,餐厅中央是一张西式大餐桌,桌边的墙上悬挂着两幅父亲刘海粟的绘画真迹,一幅挂在正对餐厅门口的墙上,是一幅水墨山水画《富春江严陵濑朝雾》,另一幅在主位背对的墙上,挂的是油画《上海大厦俯瞰黄浦江》。"可见海翁对此画的珍爱。

1962年的油画写生仅见两帧,6月29日创作的《严子陵钓台观富春江》和6月30日创作的《七里泷》(今藏于刘海粟美术馆)。

1971年1月致南洋门生刘抗函:"六八年五月中曾寄《富春江严陵濑朝雾》,迄未得复,悬悬不已。"

1984年秋,刘海粟携《富春江严陵濑雨雾》画卷,参加常熟市举办的"纪念元代画家黄公望逝世六百三十周年"活动。

一件严陵濑的写生作品,刘海粟不厌其烦地一画再画,并画出众多变体,又有晴、雨、雾的佳境呈现,想必是其颇为得意和珍视的佳作,或可定为刘海粟解放初期的代表作之一。特别是这张《富春江严濑秋色》,一改以往的水墨形式,把原稿中的山峦起伏、重岩叠嶂、绝巘处的虬枝,变幻为墨笔纵横的韵致,洗练成浓淡块面和云霭缭绕的视觉效果。中景仍是淙淙急湍,在勾勒线条的同时又兼顾流水激石的跳跃节奏,直奔笔底而来,小舟一叶点缀其上,毫无疑问,此处恰恰是全图最

刘海粟《严子陵钓台观富春江》

刘海粟《七里泷》

为精彩的亮点。近处的坡石间秋树耸立,老枝纷披,再缀之红叶,层林尽染,既有追慕黄大痴的遗风,又融入印象派的点彩笔法,踵事增华。这种尝试早已超越传统山水的范畴,体现出创新意识,形成强烈的个人风格,独步当世。

作为中国现代绘画的先驱和翘楚,刘海粟在艺术探索过程中始终贯穿海纳百川、兼收并蓄、开拓创新的理念,对"创新"的孜孜以求以及直面西方文化思潮冲击的文化自信,充分体现了海派文化精神。

徐朗西：为裸体写生而"牺牲"

罗宏才

20世纪20年代初肇始于上海的"裸体模特（Model）风波"中，刘海粟领衔的"艺术叛徒"群体勇敢地同封建礼教与愚昧落后"对抗作战"，冀"以儆谬妄，而彰真理"①的事迹广播海内，已为世人所熟知，但由此引发了更大范围的裸体文化风潮，知道的人却并不多。至于一位年届五十的上海闻人为推动裸体写生，"以趣味的人生为主体，以驱除人类的丑秽为动机，故持着爱美的旗帜，收获人类之同情"，以"艺术改造社会"②，"青天白日，朗朗乾坤"③下请油画家钱鼎（铸九）为其绘制裸体油画，甘愿为裸体写生而"牺牲"的背景、原委与造成的社会影响等问题，知道的人就更少了。因此有必要以最新调查所获资料弥补缺憾，期待引发新时期更广泛的社会群体对一段旧上海人体写生美术史的关注、批评与思考，并借助另一种视角促进对源远流长、丰富多样的海派文化的阐释与弘扬。

一、黄山西海门白云大峡谷的裸体写生者

黄山西海门位于白云大峡谷东侧山巅，周围峰峦拥护，气势雄浑。白云大峡谷则从西海门回音壁以降突入万丈深渊，一路伸展开合，峭壁通天，且不断与云海雾气和奇松怪石相辉映，形成黄山风景区内景点最丰富、最具视觉冲击力的景观之一。其中山石匍匐间，溪流宛转处，辄见光影流动，胜景涌现，每每引得观光游客流连徜徉，称赞不已。

譬如，类玉似铁、交错横陈的石床、石凳与石枕，闻名于世的西海门落日，以及云雾

---

① 《艺术界之模特儿问题——美专校长致刘海粟函》，《时事新报》（上海）1926年5月18日。
② 徐朗西：《艺术与社会》自序，1932年3月。
③ 潘铸辛：《艺术家的牺牲》，《新闻报·本埠附刊》1933年7月19日。

间千姿万态的幻影石变等,皆为一绝。因是康熙十八年(1679)刊行《黄山志定本》即称此地"上有石床横陈,长丈二,阔五尺,如白玉琢成,其平如砥,行住坐卧皆宜。又有紫石床三、碧玉枕三,相传为容成、浮丘二仙侍帝寝思之所"。康熙三十三年(1694),"黄山画派三巨子"之一的宣城梅清绘制《黄山十景》,其中第八处景致为"西海门看落照",上题:"西海真天险,苍茫睏落晖。千峰分剑立,一水绕龙飞。钟自云堆出,僧从石隙归。晚风吹动处,天乐听依稀。"该画便是西海门伟岸景观的最佳写照。

梅清《黄山十景》之《西海门看落照》

另外,被视为近代中国"睁眼看世界"首批知识分子优秀代表的魏源还在《黄山西海门观落日歌》中留下"海门之中万石变,一峰一峰乱峰眩"这种颇具风格的重言叠字佳句,诗艺直入西海门景点灵魂。兼之此地毗邻江浙苏皖等江南人文荟萃腹地,山岭崔嵬,万众瞩目。由于1934年之前交通不便,四方来黄山的游客并不似后来那样的交织繁多。可谓路锁山色,云藏精神。此时彼时间,反倒烘托出特殊时期西海门及白云大峡谷的异样风采。

于是1933年盛夏之季,一行来自上海的客人便适时到此一游。为首的老者长须飘拂、气宇轩昂,便是早年留学日本,曾追随孙中山参加同盟会,后领导上海武装起义,擅长中西绘画,被称为当世"美髯公"④的同盟会元老兼帮会首领徐朗西。徐朗西历任南京临时政府造币厂厂长、上海美专及新华艺专校长,耻以功自居。海上报界闻人步林屋在《题峪云山人画卷歌》中说他"海风万里归扶余,手翻帝制功不居";"且来海上从屠沽,酒友亦有高阳徒"。同行的另一位智者则是江苏青浦(今属上海市)籍美术家钱鼎

---

④ 鱼庵:《徐朗西之日光浴》,《金钢钻》1937年5月31日。

徐朗西坐像,摄于20世纪三四十年代

(字铸九,号淡人)。钱鼎曾先后任教于上海美专、北平京华美术学院与北平国立艺术学院,"擅写油画肖像风景及国画山水,无不精辟神妙,久闻于时"⑤。1927年11月1日《盛京时报》"艺谈"栏目《介绍钱铸九君》一文评价他"于艺无所不窥,最长者,莫若西洋绘画","对于中国固有美术,有所研究","是今日艺苑中一罕见有立志之人也,何其壮哉"。1942年7月11日《申报》刊载《钱铸九画讯》一文称誉他:"其有难所学到者,即所写肖像,神韵至足。即凭照片制作,无不神情奕奕,生动有致。艺林妙境,于此可见。"由于钱铸九1920年从上海美专西画科毕业后进入上海女子美术学校担任过人体写生课老师,因此有资料说他是"我国最早画'模特儿'的画家之一"。至于其外随行诸人,不及细数,以时任徐朗西秘书、工书法擅绘画,被郑逸梅称为"临摹曹全碑圣手"的宜兴世家子潘勤孟(铸辛)最为引人瞩目。

一行人在黄山西海门白云大峡谷中往来寻觅,多次商议,最终选定视线位置颇佳、形象轮廓分明,前有石凳、后有奇松,再后有峰峦云雾,极具空间感与结构性的一处场景,方才由钱铸九设定画架位置,并以徐朗西裸体形象为写生主题开始作画。

当徐朗西"以禀赋之体,一物不蔽"的全裸形象赫然出现在钱铸九画板之前时,围观者不禁被其健硕的体格与云雾奇松、山溪峰峦以及"云山大气、岩泉苍翠"所构成的和谐画面所震撼。尽管不断有人羞于直视并啧啧议论,但绘画者与被画者视若无睹,不为所动,各个沉浸于"返璞见真,翕然以与大自然相融合""人与自然相融贯为真实一体之美"的境界中。钱铸九尤快速接受朗翁"富于美的情感之激发",准确把握主景人体与树木、岩石及山谷、云霓等衬景元素的结构比例关系,起笔爽利,落幅有致,"得充实引起其兴趣以构成之","欣快"之情难于言表⑥。大致凡经数日之功,终成坐于石凳之姿与立置画面中央之姿两幅大尺度写生油画。此即徐朗西老友丁慕琴(即丁悚)与潘勤孟后来

---

⑤ 《钱铸九画讯》,《申报》1942年7月11日。
⑥ 均见1933年夏钱铸九为朗西先生所绘裸体油画题跋,《美术生活》1935年第4期。

分别在《东方日报》与《铁报》刊文所谓朗翁"曾倩钱鼎画家,给他画了一立、一坐三尺左右的大幅裸体油画,以资观瞻"⑦,以及癸酉(1933)之夏"我亲见钱鼎画师替(峪云)山人写此像,背景是黄山西海门,腹下一物不少"⑧,殊堪叫绝之事。

显然,1933年盛夏,徐朗西、钱铸九等人精心导演的西海门人体写生,以时地特殊,绘画者与被画者均非同凡响,主题设计与意象境界又荡开窠臼,夺人眼目,遂至一石击水惊世骇俗,有资质冲击年度中国美术界大事观察视域。故此举不独只是闻人、艺术家一时兴起的笔端戏墨,实由此开黄山胜景人体写生之先河,弥补早期中国知名闻人介入人体写生历史之缺憾。彩墨过处,教化大焉,其学术旨趣与社会意义不言而喻。

二、钱鼎题跋与徐朗西裸体写生事件的背景与原委

钱铸九在黄山西海门白云大峡谷绘制的两幅徐朗西大型裸体油画,回沪后被精心装裱画框,立姿一幅悬挂于法新租界萨坡赛路302号朗翁私宅妙斋居所厅堂正中;坐姿一幅则得徐氏"意想",由钱氏题写长跋记述颠末,并得刊发过《写生的意义》⑨《裸体艺术与道德问题》等文章的留法美学博士唐隽等编辑和友人的支持,刊载于被誉为当时"全国唯一的美术杂志"的《美术生活》1935年第4期上。跋称:

> 癸酉(1933)之夏,余由北都南返,会朗西先生于沪滨。先生欣然以艺术思想是道,并欲求其思想之见端,将以禀赋之体,一物不蔽,返璞见真,翕然以与大自然相融合,而有待余为之表达而现实之。余乐其意想之美,遂相约以从事构成此画。时正盛暑,振肱运腕,数日而竣其事。第愧我拙笔,草率涂就,未知其见有当于什一否?尚待就

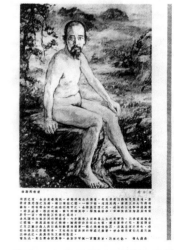

徐朗西裸体坐姿油画,1933年盛夏钱鼎绘于黄山西海门白云大峡谷

---

⑦ 丁慕琴:《关于裸画:峪云山人之裸体油像》,《东方日报》1949年5月26日。
⑧ 勤孟:《峪云山人裸像》,《铁报》1949年1月13日。
⑨ 1922年5月《美术》第3卷。

正于世之高明。

　　余凤谐先生富于美的情感者,今于艺术上反映其人生之真实性,以赤坦其健全之体魄,率具其雄伟之精神,旷然俯仰于云山大气、岩泉苍翠之间,则其情景之足以显示我人与自然相融贯为真实一体之美为何如耶。至其意想之所在,得完全表见之于艺术者。又在先生富于美的情感之激发,使余得充实引起其兴趣以构成之。此其欣快又为何如耶。

　　画既成,先生乐余记其事,余亦不可无一言识于后。乃为之记。铸九钱鼎。

"跋语"述1933年夏钱铸九自北平南返,与徐朗西会于沪上,徐以曾掌上海美专,且与钱渊源有旧,民初尚合力推广人体写生,抵制封建,道义通交,志趣相同等故,"欣然以艺术思想是道,并欲求其思想之见端,将以禀赋之体,一物不蔽,返璞见真,翕然以与大自然相融合……"。从而将其1932年著《艺术与社会》一书倡导拥抱自然,尊重"自然之韵律",乐于裸体日光之浴的精神推进一步。黄山西海门裸体写生也由是成为其理想与实践相融合的微妙产物,真气可掬。钱铸九则素重徐朗西精神道德,"乐其意想之美,遂相约以从事构成此画"。全"跋语"词铿锵精炼,说钱、徐等人黄山西海门白云大峡谷裸体写生之事的缘起、经过,不可不谓清楚明了。

前述徐朗西既曾代替刘海粟出任上海美专校长之职,又曾是上海美专的校董,因此当"裸体模特风波"肆意发酵之际,为声援正义,唤醒民智,彼即不能袖手闲作壁上观。文献记载朗翁曾与梁启超、袁希涛、李锺珏、沈恩孚、黄炎培、阮性存等11名上海美专董事群起助力,以董事会名义于1926年8月19日、20日在《申报》《时事新报》(上海)等报纸连续发表宣言援手支持,即其一例。宣言指出"美术之有西洋画系,西洋画系之有生人模型,实为先进各国共有之设施"。认为"当兹中外文化沟通之际,学术久定为世界之公器。试举二十年来吾国教育之成绩观之,其资鉴于外国者,所在皆是。如谓生人模型因淫画、淫舞之利用其名以为非作恶,既噎矣"。且称此次"宣言"之举,盖"深恐海内外笑中国竟无能研究学术之人,故不敢不披露经过情形,以公告热心美术之同志"。论及社会反响效应,并不亚于刘海粟等人的联袂反击。

当然,徐朗西为正名裸体写生,不仅即时参入上海美专董事群体并发布宣言以争艺术家蹈身社会之艺术权力,还对裸体写生的目的和意义,以及相关理论体系建设等做了思考与实践。

1928年6月8日《小日报》刊载霞飞《徐朗西闲情逸致》一文因是介绍:"徐朗西君自掌上海美专后,专心于校务。""惟近来则每喜谢客他出,或有疑之者,踵而瞰之,则挟画板三脚架,御车直赴沪西沙发公园,专心习静作画。徐氏所作,以中国画为多,油画则尠见,讵知油画之功夫,亦不让当代之西洋艺术家。每一画成,恒解衣磅礴,拈须微笑而自赏。人有见其画者,多谓色彩与线条,均颇柔和云。"

霞飞《徐朗西闲情逸致》一文披露朗翁会通中西,1928年溽暑时节又醉心油画写生的史实。表面上似乎游离了我们讨论的主题,但若将其与徐朗西此段时间正酝酿写作、1932年终出《艺术与社会》一书封面且设计裸体女像一事相

徐朗西上海户外写生小照,约摄于1928年

联系,并比对刘海粟引发"裸体模特风波"后全社会不断勃发的裸体赏鉴[10]、裸体疗病[11]、裸体卫生[12]、裸体生活[13]、裸体游街[14]、裸体运动[15]、裸体电影[16]等裸体文化风潮,复再阅读至迟从1928年开始由周维善[17]、田汉[18]、黄美陶[19]等人相继推出围绕艺术与社会论题的一系列论辩,以及1932年以来《民报》连续刊发徐朗西《艺术与社会自序》《艺术与道德》《国家与艺人》《艺术与学术之区别》[20]与俞寄凡《东方人与人体美之思想》[21]、汪亚尘

---

[10] 《风人》1924年10月18日。
[11] 《康健报》1929年3月23日。
[12] 《锡报》1929年5月21日。
[13] 《时事新报》(上海)1931年8月7日。
[14] 《盛京时报》1934年6月22日。
[15] 《汉口中西报》1933年11月21日。
[16] 《申报》1934年1月25日。
[17] 《大公报》(天津)1928年3月10日。
[18] 《中央日报》1929年6月10日。
[19] 《大公报》(天津)1932年7月15日。
[20] 1932年7月26日、10月31日;1933年7月10日;1934年4月16日。
[21] 1933年8月28日、9月5日连载。

《艺术家的本分》[22]等大量文字,徐朗西、钱铸九等人合力推动的黄山西海门白云大峡谷裸体写生背景可逐步得以完整、清晰。如果再仔细分辨俞寄凡《东方人与人体美之思想》一文所谓"人体美元是自然美之一",汪亚尘《艺术家的本分》一文强调"意志强固,身体自由,趣味独立,时间省检等,都是艺术家不可缺的要素"等诸种佐证与相关资料信息,黄山西海门白云大峡谷裸体写生事件的多系原委更趋饱满,这一举动也更富内涵与挑战意味。

  这里,徐朗西以溯自清末以来即投身革命,并陆续在光复之役、二次革命、上海起义等多次重大历史事件中坚韧展现的资质和气度,以及期以报纸舆论鞭挞黑暗、唤醒民众求得社会光明的目的和心力,包括冀以艺术净化心灵,美育社会的宗旨和目标,完整阐释了他逐步发展、终至成熟的理想和信念。不期催生的黄山西海门白云大峡谷裸体写生,与其说是徐氏理想、信念的浓缩代码与标题写照,倒不如说是特殊历史背景条件下其精神理念与生活方式的诠释与放飞。模特公《徐朗西之裸体牺牲》一文说他"裸其清白之躬"[23],置身云海、峡谷间以与自然交融和谐,事实上已将20世纪20年代初以来肇始于上海、蔓延至全国的裸体模特风波及裸体文化风潮推至新的境界,提升至新的高度。他之敢"以蟠然一叟,不惜裸其清白之躬,为艺术作自我之倡导"[24],以及"以趣味的人生为主体,以驱除人类的丑秽为动机,故持着爱美的旗帜,收获人类之同情"[25],甘愿"牺牲于艺术"的襟度、愿力,遂至"宏大"[26]。"至其意想之所在,得完全表见之于艺术者"[27],即获充分阐释。而以"艺术改造社会"口号、目标求取"艺术与社会之真谛",进而获得"努力以实现社会之改造"[28]的旨趣情操与精神追求,终得瓜熟蒂落,圆满成立。春风草长一过,并终能与同期《美术生活》杂志特约刊发的方君璧《人体》一幅与潘玉良《人体》两幅交错争秀,启示"国人有所借镜"[29],堪称特殊时期中国人体写生历史上的一页定格。

---

[22] 1933年9月5日。
[23] 模特公:《徐朗西之裸体牺牲》,《时代日报》1934年8月13日。
[24] 模特公:《徐朗西之裸体牺牲》,《时代日报》1934年8月13日。
[25] 徐朗西:《艺术与社会自序》,《民报》1932年7月26日。
[26] 模特公:《徐朗西之裸体牺牲》,《时代日报》1934年8月13日。
[27] 1933年夏钱铸九为徐朗西所绘裸体油画题跋。
[28] 徐朗西:《艺术与社会自序》,《民报》1932年7月26日。
[29] 《美术生活》杂志创刊词,1934年4月1日。

三、有意味的反响与争议

对徐朗西、钱铸九等人黄山西海门白云大峡谷裸体写生事件的正面评议,略如上述相关文献之记载。不过细致回望更广阔的社会层面,其间产生的反响与争议,就不单单只是理想祈求的一种声音了。

据潘勤孟《峪云山人裸像》一文记载,当此之时,立姿一幅徐朗西裸体油画,由于高悬朗翁妙斋居所厅堂正中壁间,视觉逼人,就颇引起往来友朋的争议、评介。尽管"山人自己无所谓",但因"宾客都说暴露过甚",他遂架不住朋友的劝说,"卒由钱鼎补上一松,掩住脐下三寸部位"㉚。朱凤蔚于《铁报》刊文戏谑"朗老所居妙斋,真是众妙之门。

凤老《妙斋清供》,《铁报》1949年1月11日

内室佛堂,有多尊唐宋古佛,名贵异常。前室悬中山先生'天下为公'直幅(孙先生写此四字多横幅,直幅仅见),丈二油画朗老裸体像,树叶蔽下体,妙处不传"㉛,即指此事。

当然,朋友的争议虽然激烈,但都基于友善的前提,若遭逢"道学之流"的恶意攻讦或抱有险恶用心者的种种非议,则问题的性质即发生根本的变化。

有名"模特公"者,敏锐洞悉"道学之流"的攻讦目的,惊诧于险恶用心者言辞诡谲,辄伤及朗翁操守与磊落人格,至发见十数年前围攻刘海粟"裸体模特风波"事件逆流转折至另一味阴鸷的反动,于是就决心为进步道义而论争了。1934年8月13日《时代日报》刊载此公《徐朗西之裸体牺牲》一文,力为"徐先生之牺牲精神,与钱先生之艺术创格"而鼓呼,指斥攻讦者"少见多怪,而欲为徐先生诟病者,是殆井蛙之见,不足与语艺术

㉚ 勤孟:《峪云山人裸像》,《铁报》1949年1月13日。
㉛ 凤老:《妙斋清供》,《铁报》1949年1月11日。

模特公《徐朗西之裸体牺牲》，《时代日报》1934年8月13日

真诠,更不足与语今日时代"。言至慷慨,不尽酣畅淋漓。文云:

  徐朗西先生,比以提倡美术,特倩画家钱铸九君,为本人作一裸体写生。图成,复刊之第四期之《美术生活》中,以供众览。复由钱君为之记曰,癸酉(1933)之夏,……按裸体写生,以女子为蓝本者,固甚多。而易以男子者,则绝少。今徐先生以幡然一叟,不惜裸其清白之躯,为艺术作自我之倡导,其牺牲于艺术者,何等宏大。吾人尝见其图,觉认为最感神妙者,当推徐先生之髯髯之须,及其健全之体格,与图中之树石相辉映,足以旷绝今古,虽当世不乏道学之流,少见多怪,而欲为徐先生诟病者,是殆井蛙之见,不足与语艺术真诠,更不足与语今日时代。故吾人得赎此画,诚不觉益佩徐先生为人之伟大,以为自有此图,艺术界当光芒万丈。而徐先生之牺牲精神,与钱先生之艺术创格,亦两俱不朽也。

  三年之后,"鱼庵"其人复从另一种视角声援模特公。在1937年5月31日《金钢钻》报纸发表《徐朗西之日光浴》一文中,鱼庵称誉"闻人徐朗西先生,今世美髯公也,体质至健"。"又行日光浴,每日从不间断,不但春秋二季举行,虽隆冬寒暑,亦必日行一次,立日光下"。至于"日光浴"与黄山西海门白云大峡谷裸体写生事件的关系,他直言"徐先生会客室中,悬一徐先生裸体之像,即日光浴时某艺术家所写生者"。于支持"日光浴"同时,不经意间将徐朗西以"清白之躯,为艺术作自我之倡导"的裸体写生行为,升华至至高的境界,两幅裸体油画的价值,一时在"艺术界"生发"光芒万丈"之效应。

  "模特公"与"鱼庵"等人的声援呐喊,对封建礼教与愚昧落后等时代逆流,应该产生了一定的效力。不过由于大部分民众拘泥传统,一谈及露体,心中潜藏的羞耻感仍不时隐隐发作,至于对另一种意味的"裸体"羞耻与"清白之躯,为艺术作自我之倡导"的裸体写生行为之间的差异区别,也一时确难辨析对错。徐氏倡导"民众艺术化"[32]的殷切初衷与心路历程,故不能朝夕之间轻易完成。

---

[32]　徐朗西:《民众艺术化》,《大公报》1932年7月19日。

查阅 1945 年 5 月 26 日上海视觉文化先驱丁慕琴刊发的《关于裸画:峪云山人之裸体油像》一文,其中援引沪上报界闻人,被誉为"小报状元""江南第一枝笔"的唐大郎年少浴后"一时兴至",请"摄影名家席与群"拍摄"裸体照片""送给朋友传览"[33],至壮岁深悔年少"轻狂"、抛却"斯文"拍摄裸照而写《裸影》一文聊发"内疚"[34]诸事,就颇令人回味深思。

丁氏文称:"刘郎先生是一向很率直坦白的热情朋友,摄几张裸体照片,算不了什么。像德高望重的峪云山人徐朗老,他还曾倩钱鼎画家,给他画了一立、一坐三尺左右的大幅裸体油画,以资观瞻。立的一张至今还高悬在妙斋;坐的一帧,曾刊诸《美术生活》。我以为我们男子清白身躯,只要道德上没有缺憾,全体裸露,又有什么关系?刘郎先生还虑自己身体并不健硕,又恐人缠到歪里去,这似乎是多余的疑虑了……"

丁慕琴《关于裸画:峪云山人之裸体油像》,《东方日报》1945 年 5 月 26 日

窥测文意,丁氏或者原本只是想通过比对徐朗西裸体写生之事援助刘郎,图为健康心态的裸体写生与艺术摄影举动鼓呼正名。惟语词清妙,不特可以助力刘郎去掉心中隐疚,也相应提升了徐朗西的知名度,及于社会影响,更有此间无声胜有声的韵致。

需要说明的是,丁氏文中谈及"高悬在妙斋"的立姿徐朗西裸体油画,不仅广泛接受过来往宾客的欣赏、评介,还与朗翁家藏的南洋鳄鱼标本、巨炮弹筒与千年茯苓同垛齐名,并称为妙斋的"四大清供"。这引得朗翁挚友、沪上报坛名宿朱凤蔚整合景象大记"妙斋四大清供","列峪云山人裸像第一",且称"妙斋罗列珍奇,真是众妙之门,上述四

---

[33] 丁慕琴:《关于裸画:峪云山人之裸体油像》,《东方日报》1945 年 5 月 26 日。
[34] 《光华日报》1945 年 2 月 22 日。

件,盖千百之一耳"⑮。

四、尾声

追寻钱铸九绘徐朗西大型裸体油画流踪,须说明笔者与这两幅绘画的渊源,以及撰写此文的背景与初衷。

大约是 1993 年的盛夏时节,某日忽接西安文物界耆老阎秉初先生电话,称其在清理家庭旧藏时意外发现清季金石收藏大家陈介祺、鲍康等人的一批信札,催促得空去其家一睹为快。阎先生是清末民初金石书画大家阎甘园(培棠)之子,其父长期寓居上海并与海派人物王一亭、吴昌硕、刘海粟等有深度交往,他青年时期长期居沪陪侍父亲料理家务,故对 20 世纪 30 年代末至 40 年代初的海派轶事有较多的了解。之所以来电邀请,盖因我 1993 年初曾至阎家采访阎秉初先生以搜求陕西文物考古史资料的缘故。

因其他工作影响,赴观阎宅旧藏之事一直拖至当年国庆节前。工作结束后,阎先生不意谈及 20 世纪 40 年代初在上海法新租界萨坡赛路 302 号徐朗西家中厅堂壁间看到先生大幅裸体油画之事,颇引起我的注意。迨及 2001 年负笈南京艺术学院攻读博士学位,又因该校与刘海粟主办上海美专的渊源,开始关注"海派"文化,而阎先生所谈徐朗西家中看到大幅油画之事,也有了继续探究的可能。

2004 年笔者有幸进入上海大学艺术研究院工作后,大约十数年间持续关注海派文化研究,日渐积累,所获不少。2013 年 5 月,复经西安老友

1993 年笔者采访阎甘园哲嗣阎秉初

---

⑮ 勤孟:《峪云山人裸像》,《铁报》1949 年 1 月 13 日。

张应征介绍相识徐朗西后人肖龙翔,关于徐朗西裸体油画的资料收集和研究遂有更大的进展。得肖龙翔支持,有幸在其宅看到诸多有关徐朗西的实物资料。其中1959年前后徐朗西摄于华山路358号徐公馆厅堂的一帧小照中,后侧壁间所挂油画下端的脚趾图像,提示我须将其与萨坡赛路302号徐宅厅堂壁间的立姿油画联系起来。油画与前置长桌所陈佛像、偶人等物相映照,犹有前揭朱凤蔚戏称"四大清供"之韵味。

经查阅有关文献资料并对照1935年第4期《美术生活》刊载钱铸九所绘徐朗西裸体坐像,可推定小照(寓所留影)中其身后所挂之画应系长期悬挂在上海法新租界萨坡赛路302号徐朗西家中厅堂壁间的大幅徐朗西裸体立姿油画。尽管自1933年盛夏此画绘就之后,曾至少有先悬挂于萨坡赛302号徐宅厅堂壁间,再转挂于华山路358号徐宅厅堂壁间等几次大的流转变化,但如上述推测不误,便可推知长期悬挂徐宅厅堂壁间的大幅徐朗西裸体立姿油画,至迟在1959年前后还保存完好。至于1935年第4期《美术生活》刊载的钱铸九绘徐朗西裸体坐像的流转情况,肖龙翔称该画曾与立姿油画一并搬家转徙,直至"文革"前依然完好。

基此,关于两幅油画的基本流转变化轨迹大略清晰,乃有条件拉杂写出映照正文,俾便读者阅读参考而深化理解,并俟能对此文遗漏、空缺与谬误、不足处提出批评,以图有更多信息资料的增添与追索。

徐朗西寓所留影,1959年前后摄于华山路358号徐公馆

百年绿杨（上）

王汝刚

滑稽戏是上海地方代表性戏曲剧种，深受广大市民喜爱，也造就了众多表演艺术家。其中，特别有趣且被传为美谈的是，表演艺术家杨华生（1918—2012）与绿杨（1922—2014）是同胞兄妹（周柏春与姚慕双是同胞兄弟）。在以男性为主的滑稽演员当中，女滑稽戏演员绿杨成为一道靓丽风景，并且形成了"刚柔相济、收放自如、唱做俱佳"的独特"女滑稽"表演风格，成为一代滑稽名家。我与绿杨老师相识30多年，常随左右，聆听教诲，感情非同一般。她与我分享过不少从艺经历，弥足珍贵。今天打开记忆的闸门，记录下老前辈的艺术点滴，以此纪念绿杨百岁诞辰。

一、同胞兄妹，欢喜冤家

绿杨，本名杨金凤，曾用名杨美媚。1922年8月生于上海。父亲杨长庚是怡和蛋厂工人，母亲操持家务。虽然生活贫穷，一家人粗茶淡饭，倒也其乐融融。

杨金凤有个哥哥杨宝康，家中排行第四，这位"杨四郎"从小能说会道，多才多艺，读书两年，颇能识字解文。杨金凤聪明伶俐，善解人意，兄妹俩感情笃厚，似一对"欢喜冤家"。冬天，金凤赖在被窝里不肯起身。母亲连声叫唤："阿囡，阿囡，可以起床啦。"金凤心中却有打算，皱着眉头说："阿囡肚皮饿，没有力气，爬不起来。"母亲宠爱女儿，问道："你想要吃什么？快起床，我陪你去吃。"金凤撅起嘴："我要在床上吃点心，快叫阿哥去买酒酿圆子。"这下哥哥不乐意了："为啥要我去跑腿？"金凤伶牙俐齿："为啥你昨天骗我的萝卜干吃？"杨宝康这才明白，妹妹是存心报复。不一会儿，宝康买好酒酿圆子回家，金凤躺在床上，身后垫个枕头，披着小棉袄，开始有滋有味地吃点心，边吃边炫耀："酒酿圆子，真好吃，又甜又糯……"宝康馋得口水直流："能不能给我吃两只？"金凤连连摇头："你又想骗我酒酿圆子啦，不上当！"哥哥立马出新招："金凤真小气，老实讲，现在送给我吃,我也不想吃了。这样吧,我们来做游戏,我帮你来数一下,一碗酒酿圆子有多少只?你尽管吃好啦,我来数……一只,二只……喔唷,你吃得太快啦,又没人和你抢,吃慢点呀……"望着哥哥宝康嘻皮笑脸的样子,金凤忍不住"噗嗤"笑出了声:"不吃了,留给你吃吧。"这下正中下怀,宝康接过点心碗,边吃边说风凉话:"金凤胃口真小,半碗酒酿圆子也吃不下,还要阿哥帮忙……"杨家父母目睹这有趣一幕,不由得哈哈大笑,父亲操着绍兴方言说:"蛮有趣的,伲屋里(我家)这对兄妹有演戏天分,长大了,倒好去唱滑稽赚钞票的。"

二、有心学艺,无钱拜师

杨家住在苏州湖老垃圾桥堍(今浙江路桥),不久后,搬到法租界马立斯菜场(今重庆北路)附近,这里与大世界游乐场、共舞台、黄金大戏院等娱乐场所近在咫尺。石库门弄堂里,住着许多唱戏的艺人,他们每天早晨吊嗓练唱,踢腿练功,在杨家兄妹幼小的心灵中埋下了学艺的种子。

杨金凤经常跟着杨宝康去法租界外国坟山(今淮海公园)看热闹。这里几乎每天人山人海,热闹非凡,许多街头艺人在露天表演,有唱曲的,有说书的,有变戏法的,还有唱滑稽小热昏的,真是五花八门,看得杨家兄妹眼花缭乱,满心喜欢,萌生了要拜师学艺的愿望。可是,一打听才知道,拜师学艺条件很苛刻,不但要摆酒请客,还要送一笔拜师金。清楚自己家庭贫困,兄妹俩只得忍痛作罢。

左起:谢晋、绿杨、王汝刚

弄堂里有位邻居小姑娘,家长请老师上门教授她学唱京戏。杨金凤听见琴声,心里暗暗高兴,认定这是难得的学艺好机会,于是她放下家务,拉着杨宝康去隔墙"偷艺"。

自此以后，每逢琴师上门，杨家兄妹必定站在窗外"偷艺"。没料到，这位邻居小姑娘天赋有限，进步不大。杨家兄妹却歪打正着，学唱得字正腔圆，情绪饱满："劝千岁，杀字休出口，老臣言来听从头……"杨宝康更是聪明，还学会了拉京胡，兄妹二人还切磋技艺，仰首高唱。隔壁邻居听见，只得唉声叹气，哭笑不得："想不到呀，我们出钞票买爆竹，却给人家放得热闹……"

三、难得登台，不幸坍台

杨金凤 10 岁时，哥哥杨宝康去大世界报考华光剧社，在众多考生中脱颖而出，录取为文明戏班练习生，老师为他取艺名"杨华生"。杨金凤对哥哥杨宝康有感情，小小年纪，懂得体贴阿哥，她用拾来的香烟壳子去换钱，塞给哥哥当零用钱，还自告奋勇提出："我愿意为哥哥去后台送饭。"宝康问她："送饭必须坚持，无论刮风下雨，都不可间断，你能够做到吗？"金凤回答："放心吧，我不会三天打鱼两天晒网的，一定按时送到。"她贴着哥哥的耳朵，说起悄悄话："为你送饭，我也有好处的。喏，每次进出剧场，可以不买票子看白戏啦。"

从此，杨金凤利用每次送饭机会，正大光明地进入剧场看戏。当时，大世界游乐场里分布着许多小剧场，轮流演出各种地方戏曲及滑稽节目，杨金凤犹如刘姥姥进大观园，满眼好奇，如饥似渴地看戏学唱。凑巧，杨华生因表现优秀得到老师奖励赏金，便买来一把胡琴，不仅自拉自唱，还帮妹妹操琴练嗓。杨金凤在哥哥的伴奏下，把偷师学艺来的南腔北调唱得像模像样。

某天，杨华生在大新公司娱乐场演戏，演出即将开始，后台管事却急得团团转，原来舞台上缺少几个会唱戏的小姑娘。正好杨金凤前来送饭，杨华生一看机会难得，急忙拉着妹妹向后台管事介绍："我妹妹人小资格老，她会唱京戏……"后台管事朝杨金凤点点头，大声吩咐："快帮小姑娘化化妆，立刻开幕！"虽然事情来得突然，杨金凤却一点不紧张，认为自己在家里京戏唱得不错，上台表演没问题。于是，略微化妆后即刻登上舞台。琴师拉一过门，杨金凤马上唱起《逍遥津》。殊不知，舞台表演不比平常练唱，刚唱了几句，杨金凤便把后面的唱词全忘记了，只得颠来倒去反复唱。后台管事火冒三丈，责问杨华生:"这小姑娘怎么唱来唱去老是这几句?"杨华生只得道歉:"我妹妹确实会唱京戏,不过,她容易忘词,所以她有个外号'坏脱的留声机'。"后台管事气得跺脚:"你还有心思讲笑话,快叫你妹妹下场。"杨金凤只得狼狈不堪地哭哭啼啼逃回后台。

散戏回家途中,杨华生做好准备:今天妹妹"出洋相",回家后,一定会被她"骂山门"。果然,杨华生刚踏进家门,杨金凤就咬牙切齿地对他说:"我第一次登台,哥哥就让我坍台,我一定要罚你。"杨华生低声下气:"我是好心办坏事,我认罚,你有什么要求?"杨金凤一字一句地说道:"罚你为我拉胡琴,让我连唱十遍《逍遥津》,我就不相信,下次还会忘记台词。"杨华生心里暗暗叫好:妹妹有志气,有希望成"角儿"。

绿杨在滑稽戏《鲤鱼跳龙门》中扮演农村大嫂

四、科班学艺,人小胆大

15岁时,杨金凤听说"王美玉戏班"招生,兴奋不已,激动万分。当时,王美玉戏班是上海一流的表演团体,演出海报和说明书上的宣传口号显赫:"誉满全国丽质天才电影明星舞台艺人王美玉",另外还有"话剧泰斗汪优游""闺阁名旦王雪艳""风流小生王剑心"。杨金凤报名后,废寝忘食,缠着哥哥操琴演唱,对着镜子练习表情。功夫不负有心人,经过严格考试,杨金凤终于如愿以偿地进入王美玉戏班。虽然学艺艰苦,清早练功练唱,日夜演戏跑龙套,不少女孩子哭着打退堂鼓,但杨金凤不叫苦,心里想的是:做人要吃饭,唱戏要唱红;吃得苦中苦,方为人上人。

老师安排杨金凤专攻"娃娃生"一类角色。她天赋聪明,能把角色演得天真活泼,讨人喜欢。但是,杨金凤似乎对喜剧人物更感兴趣,特别欣赏前辈艺人王呆公等人的滑稽表演手法,不仅能模仿得惟妙惟肖,还能运用到表演中去。

旧戏班子陋习,有些"角儿"自由散漫,经常迟到误场,旁人好言劝诫,"角儿"大言不惭："我是角儿，头上出角的。"众人敢怒不敢言。杨金凤看不惯这种作风，年少气盛的她，竟然在台上演起滑稽戏：扮演小丫头，背对观众上场，看似婀娜多姿的小女孩，转身一亮相，脸上竟然画了两撇胡子，逗得众人大笑。舞台管事责问她："胡来，小姑娘怎么能有胡子?!"杨金凤理直气壮地反驳："男人头上可以出角，女人脸上就不能有胡子吗？"舞台管事气得要打她，一位老艺人仗义执言："杨金凤在台上开玩笑是错的，但是'角儿'误场更有错呀，我看，这位小姑娘将来是个滑稽花旦。"

五、骨肉团聚，喜从天降

两年后，杨金凤学艺期满，在先施公司、小世界游乐场等场所搭班演戏，小荷露尖，引起观众关注。

1937年，淞沪会战开打，上海沦陷为"孤岛"。19岁的杨华生正在杭州大世界演出，目睹日军暴行，热血沸腾，义愤填膺，带着父亲及搭档张樵侬等人离开杭州，历经磨难，加入军政委员会政治部抗敌演剧队第五队，在浙江、江西、福建一带进行抗日宣传活动，表演独脚戏《西洋镜》《拾炸弹》《安全土》等节目，受到军民欢迎，宣传演出长达数年，尽显爱国艺人本色。

杨金凤支持胞兄的义举，毅然挑起家庭重担。某天，她听到一个消息：杨华生在江西南昌遇上日军飞机轰炸，中弹身亡。杨金凤痛心疾首，老母亲哭得死去活来。杨金凤为胞兄设置灵堂，披麻戴孝，礼数周全。时局兵荒马乱，失去胞兄的沉重打击无疑更是雪上加霜。无可奈何之际，杨金凤只得带领母亲离开上海，客居异乡。

1947年的某一天，杨金凤突然收到署名"杨华生"的一封家信，真是喜出望外，但同时唯恐其中有诈，嘱人写信要求对方提供详细情况。直至杨华生亲笔回信，告之真相：当初确实遇上日军飞机轰炸，幸好炸弹落在附近石凳上才死里逃生。他还谈到自己生辰八字、身上胎记等隐私问题，杨金凤这才庆幸胞兄尚在人世。不久，杨华生与家人重相见，骨肉团聚，恍如隔世。

后来，杨华生回沪与张樵侬、笑嘻嘻、沈一乐一起组成"四友笑社"，参加电台播音，堂会演出，广告宣传，出版《四友笑集》，被誉为滑稽界"四大金刚"，可谓名声显赫。尽管生活有所改善,但毕竟艺人没有社会地位。物价飞涨,生活艰难,使得滑稽艺人的演艺生涯犹如"刀尖上跳舞"。

六、滑稽红娘,一炮打响

1949年,中华人民共和国成立,艺人当家作主人。他们积极参加各项活动,宣传方针政策,为建设新中国添砖加瓦。1950年,上海市举办"第一届春节演唱竞赛",杨金凤获得三等奖。

同年,杨金凤加盟"合作滑稽剧团",首演滑稽戏《活菩萨》。她仰慕电影演员白杨,对其在电影《一江春水向东流》中的演技赞不绝口,将其视为心中"女神"。又因杨金凤在家排行第六,于是取艺名"绿杨"(上海话中"六""绿"同音)。

滑稽戏《活菩萨》根据莫里哀的戏剧《伪君子》改编。当时排戏沿用文明戏幕表制,演员根据故事提纲,自己设计台词,临场即兴发挥。绿杨扮演机灵俏皮的丫头青梅,歌舞演员出身的嫩娘扮演年轻美貌的小姐潘丽蓉,两位女演员在滑稽舞台上旗鼓相当,夺人眼球,成为令人瞩目的姐妹花。当时,观众对她们的评价是:"绿杨交关噱,嫩娘非常嗲。"可见善于"出噱头"的绿杨更胜一筹。不过,绿杨的表演很有分寸,正如她在《活菩萨》纪念手册里写的寄语:"青梅不是一个无聊的丑角,她懂得为反对封建婚姻和匪特的无耻勾当而斗争。"

绿杨曾对我说过一段往事:"演出《活菩萨》,风头出足。不过,挂头牌的演员全部是男人,名气响得刮啦啦(厉害),我和嫩娘两位女演员不过是陪衬的角色。当时演出场次很多,基本每天日夜两场,逢到星期天和节假日还要加演早场。剧团收入多了,演员收入也相应'水涨船高'。可是,彼此之间差别很大。我心里'不服帖',头脑发热,居然托病不参加演出。观众对此很有意见,我却不以为然。

"后来,为了提高演员政治修养和文化程度,市文化局组织演

年轻时的绿杨

员学习班,我也参加了,通过学习,我提高了觉悟,开始认识到这种思想是错误的。这时,老前辈俞祥明伯伯主动找我谈话,他说:'绿杨,我也知道你开始走红了,有部分观众确实冲着你来看戏的,你绿杨不出场,大家很失望。现在领导要求文艺工作者为人民服务,希望你克服困难,坚持演出,至于个人报酬,容易解决,就把我名下的报酬分点给你吧。'老前辈的真诚表白,使我思想大受触动,非常感动。从此以后,我一直认定要认真唱戏,清白做人。领导鼓励我进步,评我为'先进工作者'。每次得到荣誉,我总想起一句老话:'上山不要神气活现,下山不要垂头丧气。'"

我知道,这是绿杨的肺腑之言,也是对我的言传身教,从此以后,"争取德艺双馨,不可得意忘形"也就成了我的座右铭。

滑稽戏《活菩萨》取得成功很不容易,几经波折,多次修改,才获得好评,创下连演一年零九个月的记录。1950年10月,剧团印发纪念册庆贺。时任上海市副市长潘汉年题词:"为发扬人民戏曲艺术而服务。"时任中共上海市委常委、宣传部部长、上海市文化局局长夏衍题词:"《活菩萨》这个剧本得到广大观众欢迎,证明了地方戏改革的前途远大,但是,我们也必须认识到这也还是一个起点而已,在人民的上海,观众的进步是不容忽视的,只有更好的学习政治,提高文化,才能更有效地为人民服务。"

七、龙钟老太,芳龄三十

也许应了老话"船老大多了要翻船",合作滑稽剧团共有杨华生、张樵侬、笑嘻嘻、沈一乐、程笑飞、小刘春山、俞祥明七块头牌,剧团维持了一年多时间,由于管理出现问题,于是大家好聚好散。原人马重新组建成两个团体,即"大公滑稽剧团"和"大众滑稽剧团"。

绿杨加盟了"大公滑稽剧团"。当时杨华生担任团长,他和张樵侬、笑嘻嘻、沈一乐为主,又邀请绿杨、张利音等加盟,可谓行当齐全,阵容强大。在嵩山大戏院首演滑稽戏《欢天喜地》,观众反响平平。后来上演根据老舍剧作《大家评理》改编的滑稽戏《老糊涂》,业务大有起色。年方30岁的绿杨扮演一位年过古稀、老态龙钟的农村婆婆。她为自己设计的一段戏,获得良好效果:因为媳妇生了女儿,重男轻女的婆婆竟然蛮不讲理,动手打媳妇,正好婆婆头顶上悬挂着一只盛饭的竹篮,她举手碰到竹篮,顺手推开,由于惯性,竹篮又荡了回来,正巧撞在婆婆头上,婆婆恼羞成怒,再次举手碰到竹篮,竹篮又撞在头上,婆婆气得暴跳如雷……正好儿子回家,婆婆满腹牢骚地操一口宁波话对儿子诉苦:"想当年,我为了生你吃了多少苦头,老古话:一月二月不觉着,三月四月只想吃,五月六月硬卜卜,七月八月烧箕腹,九月十月月份足,扑落脱,才养下宝贝儿子一块肉。"这段台词是绿杨根据民间俗语添加的,由于道具运用巧妙,动作合乎情理,台词风趣生动,对存在封建意识的婆婆进行了善意讽刺,演出获得好评。大家认为,绿杨滑稽细胞丰富,喜剧神经发达。从"滑稽红娘"到"滑稽老太",绿杨的演技更加成熟了。

八、滑稽兄妹,珠联璧合

1956年,通过文艺整风运动和公私合营改造,剧团改变了旧作风,演职员精神面貌焕然一新,出现"人人出主意,大家搞创作"的良好氛围,产生了一批新剧本,其中不乏上乘之作。

杨华生懂得,剧本固然重要,但是必须通过表演才能完美呈现。当他发现绿杨演技日趋成熟时,就有意识地与她合作演戏。这下,两位表演高手有了用武之地,相得益彰,佳作迭出。

杨华生、绿杨舞台合作数十年,配合默契,优势互补,招笑手段越发丰富,或误会、或巧合、或俏皮、或善辩,言语犀利,反应敏捷,台词丝丝入扣;塑造角色日趋完善,或夫妇、或官民、或兄妹、或主仆,无不栩栩如生,声情并茂,可谓演尽人生沧桑,道出百姓心声,最终渐入佳境,达到艺术高峰。

1956年,根据鲁迅小说《阿Q正传》改编而成的同名滑稽戏,由杨华生扮演阿Q,绿杨扮演吴妈,珠联璧合,把鲁迅笔下的人物演绎得有血有肉,令人信服。

1958年,在传统独脚戏的基础上创作演出滑稽戏《七

绿杨在滑稽戏《七十二家房客》中扮演二房东

十二家房客》。杨华生扮演伪警察三六九,绿杨扮演二房东,人物形象生动,形神兼备。该剧也成为滑稽戏经典剧目之一。

1960年,根据川剧改编的滑稽戏《拉郎配》,由杨华生扮演书生李玉,绿杨扮演卖艺女子张翠凤。绿杨把热情善良、侠义心肠的北方姑娘演绎得淋漓尽致。

1962年,笑嘻嘻、绿杨、叶一青等人创作演出滑稽戏《糊涂爷娘》。杨华生和绿杨扮演一对"糊涂家长",《人民日报》《解放日报》发表评论文章,称赞"这是一部有关教育下一代的好戏"。中宣部领导陆定一指示把滑稽戏《糊涂爷娘》拍摄成电影《如此爹娘》,在全国公开放映。

在长期的艺术实践中,绿杨逐渐形成了鲜明独特的表演风格。她不仅能够娴熟运用传统滑稽艺术的说、学、做、唱表演技巧,还能充分展开艺术想象的翅膀,传承创新,在《一仆两主》《苏州两公差》《三滴血》等不同时期、不同题材的剧目中做到"风趣真实,人各有貌",在舞台上大显身手,展示了她不凡的艺术才华。

在我的印象里,这对兄妹艺术家自我要求严格,表演力求自然逼真,在舞台上塑造了许多经典形象,光是扮演夫妻的次数就难以计数,从天真活泼的少夫少妻到白发苍苍的老夫老妻,无不令人信服。因此,经常会引起观众的误会,认为杨华生与绿杨在现实生活中是一对真夫妻,待到恍然大悟原来两人是嫡亲兄妹时,无不由衷赞叹。

杨华生说过:"我顶喜欢与绿杨搭档演戏,但也最怕与绿杨搭档……"此话意味深长,个中滋味,恐怕外人难以领会。对此,绿杨道出玄机:"阿拉老兄讲的真话,他只有与我搭戏,才如鱼得水,因为知己知彼,熟能生巧。至于怕与我搭戏的原因也蛮简单,他怕我出新招,逼他动脑筋。"

如今,滑稽戏已经被列入国家级非物质文化遗产代表性项目名录,杨华生为非遗项目独脚戏国家级传承人,绿杨为非遗项目滑稽戏上海市级传承人。这对滑稽兄妹的大名,永载艺术史册。

九、风云变幻,宠辱不惊

凭借出色的舞台演技,绿杨赢得了观众的欢迎,获得过不少荣誉,如"市三八红旗手""先进工作者"等。绿杨珍惜来之不易的殊荣,可贵的是,她做到了纵使风云变幻,我自宠辱不惊,坦然处世。

1966年"文革"开始,作为滑稽界头面人物之一的杨华生首当其冲,失去了人身自由,妻子章翠霞走上绝路,老父留守几个无助的孩子,终日泪眼婆娑……

绿杨受到株连,被强加"莫须有"的罪名,遭受不公正待遇。好在她天性乐观,豁达大度,抱定宗旨:荣誉地位得之自然,失之坦然,相信人民相信党,一切总会水落石出,云开雾散。

某天,有人通知绿杨,去城隍庙后面的豫园接受督监劳动。没料到,在古戏台前,绿杨意外地见到了杨华生,瞬间心中阵阵痛楚:昔日著名演员杨华生,今日衣衫褴褛、骨瘦如柴,步履艰难地拎着扫帚清扫垃圾。兄妹许久不见,见面竟然默默无言,绿杨生怕有人设计《杨乃武与小白菜》中"密室相会隔墙窃听"的情节,不敢上前搭话。犹豫片刻,绿杨走到角落,找张废纸,包裹十元钱,就手卷成团状,直接扔到杨华生脚下。杨华生吃了一惊,茫然地抬起头,目光浑浊,面无表情,但随即马上低下头,飞快地把废纸扫进簸箕……绿杨事后虽有些后怕,但总算也有一丝自我安慰:"虽然阿哥被打得遍体鳞伤,看来脑子还没有坏。"

与豫园仅一墙之隔有条安仁街,这时突然从街上传来叫喊声:"杨华生,阿拉几个小青年很喜欢滑稽戏,老早在南市区少年宫学过说唱,现在来唱一段……"紧接着,吴侬软语飘进大墙:"忽听外头高声喊,里向走出我福来……"绿杨听得明白,这是有人在学唱杨华生的唱段《福来》呀。清晰稚气的声音滋润了绿杨枯涩的心田,她心潮难平,看似自言自语,其实意在言外:"小青年胆子大呀,还敢唱出来。要好好活下去呀……"杨华生却似乎什么也没有听见,依然面无表情,一路扫地而去。不过,绿杨敏感地发现,阿哥的步伐显得轻快了……

十、工厂劳动,结下友谊

1972年,大公滑稽剧团宣告解散,演职员重新安排工作。年过半百的绿杨身患多种慢性疾病,被分配到专门生产糖果、糕点的"战斗食品厂"。

绿杨踏进食品厂大门，立即晕头转向，各种油烟气味熏得她手脚无措，无从适应。工人师傅对她很照顾，把她安排在包装车间，生产任务是包装云片糕、萨其马等食品。虽说劳动强度不大，但是讲究工作速度，每天必须完成定额指标，这份指标对绿杨来说，简直是个天文数字。她禁不住说起了戏话："人家八十岁学吹打，我五十岁学包糖果，看样子，我生产指标完不成，没有面孔去领工钱，要饿肚皮啦。"

有人找厂长打小报告："绿杨资产阶级思想严重，唱戏蛮活络的，做起生活磨洋工，任务完不成，还要讲怪话。"厂长"老宁波"善解人意："依我看来，绿杨虽然手脚不快，但是工作态度还不错，她包装出来的'云片糕'平平整整，'滴角四方'，这叫'慢工出细活'。至于生产指标嘛，这么多工人，大家手脚勤快些帮她完成嘛。"厂长还私下对人讲："绿杨明明是个演员，偏偏不让她唱戏，这是浪费人才。依我看，她早晚要重上舞台的，我们不要为难人家。"有人把话传给绿杨，绿杨听后心里充满了温暖，流下热泪。

说起来，这位厂长确实善于用人。每次食品行业举办质量评比活动，他都指名让绿杨包装的产品去参赛。果然，不负众望，绿杨参与包装的食品总能获奖。厂长眉开眼笑："传达上级评选意见，我们厂生产的食品味道正宗，卫生符合标准，产品包装美观，给予奖励。绿杨包装的产品交关漂亮，也有份功劳。"

从 1972 年到 1978 年，绿杨在食品厂整整工作六年，与工人师傅朝夕相处，结下了难忘的友谊。

无灯无月周鍊霞

孙 莺

周鍊霞,字紫宜。原籍江西,其母为湖南人,周鍊霞生于长沙。据1943年10月7日《海报》所载,朱凤蔚等同文为周鍊霞办四十岁寿宴之事,可知周鍊霞当生于1904年。沪人做寿,向做虚岁不做实足。周父鹤年,曾任长沙太守,擅金石书画。鍊霞幼承家学,耳濡目染,十二岁已开始为人画扇。及笄之年,移居上海,周鍊霞随湖州画师郑壶叟学画,随宜兴蒋梅笙习国文。

1926年,周鍊霞为《钟报》撰《绮窗随录》,其豪疏之性情已现:

> 余友庄女士,善诙谐,年近而立,犹待字闺中,盖品间孔雀,殊非易中也。客岁适龙云为继室。一日,为女士寿诞,余往贺之。坐甫定,闻佣妇呼曰:"大爷,客至矣!客至矣!"龙急出招待,嗣又返谓女士曰:"太太,有客拜寿,曷速出。"女士不愿,俟客去后,女士笑为龙曰:"汝呼我为太太不合,我应称大爷,汝为太太宜耳。"龙瞠目不解。女士又曰:"以字体象形而论,'大'字像一八形,'太'字多一点,故……"语至此,掩口吃吃笑不止。龙又指女士曰:"然则,汝为犬矣。"盖女士髻右簪一大花也。①

《钟报》创刊于1926年,编辑为刘恨我与蓝剑青。时陈蝶衣与周鍊霞皆为《钟报》供稿,两人相识即于此时。除《绮窗随录》外,周鍊霞在《钟报》上还发表了《丹水生》《去除烦恼》等文,亦大有意趣。

周鍊霞:《春闺》,《邮声》1929年第3卷第3期

---

① 周鍊霞:《绮窗随录》,《钟报》1926年4月15日。

彼时女子剪发为惊世骇俗之举,周錬霞则将自己的剪发照刊登于《钟报》上,还说:"佛说'发是十万八千烦恼丝',那么女子剪发就是去除烦恼,但有些女子剪了短发,偏偏还要烫呀,梳呀,夹个水钻发饰呀,比之前还要麻烦,那还不如剃个光头算了……"

周錬霞剪发照,《上海画报》1927 年第 261 期

周錬霞平日与同文相谑,颇多逸语。最有名者,莫过于"但使两心相照,无灯无月何妨"及"兴到为之"。

"无灯无月"之句出自周錬霞《正报》之专栏《非日记》中,时定山居士陈蝶野办了一个夜花园,名香雪园,请周錬霞写一副对联,指定要"但使两心相照,无灯无月何妨"二句,盖此夜花园中没有电灯。周錬霞嫌此联不对仗,添了两句,改为:

尽教一盏倾谈,有色有香长共。
但使两心相照,无灯无月何妨。

此联一出,众皆交口称赞錬霞兰心蕙质。有好事者以"无灯无月"戏谑,报上常见以此四字为题,男女私情、盗劫之案、路灯损坏等,动辄"无灯无月",尤以暗喻闺中私情为甚,与錬师娘"兴到为之"有异曲同工之妙。

"兴到为之"出自周錬霞《社会日报》专栏《金闺画碟》:

同学范君曾委以绘素,忽忽两年犹未报。一日遇诸途,亟道歉意。明日得范书,有:"作画固未可强急,惟君兴到为之耳。"读之转惭怍,立奋笔一挥,然不能惬意,终碎入纸篓中。旧邻傅氏,乞绘琴条,数数来催。余厌其烦,出范书示之曰:"试观别人何等泰气,两年画债,犹嘱兴到为之,汝如是频催,何小气乃尔?"傅默然退。

一日星期,余因冒寒,拥衾假寐,闻叩门声,问:"哪一个?"答:"我一个。"知傅氏也。乃呼:"请进来!"顾不进而叩声转急。余怒而嚷之,始推门入,复作色曰:"我固知汝昼寝,故未敢推门。"余曰:"推何妨?"曰:"恐贵先生在。"余曰:"在又何妨?"傅回眸一笑曰:"盖恐汝等'兴到为之'耳。"②

---

② 錬霞:《金闺画碟·兴到为之》,载《社会日报》1938 年 12 月 20 日。

同文读之,群相袭用,以之为雅谑笑料,凡事皆缀以"兴到为之",一时蔚为风尚。陈蝶衣亦在《海报》上以"兴到为之"为专栏名。

周錬霞善谑,出语往往恰到好处。周錬霞与卢溢芳同席于某宴,有猪油豆沙馅的点心,主人向周錬霞劝食,錬霞辞曰:"我虽然喜欢吃甜食,但就是讨厌猪油的肥腻,每次吃猪油豆沙包,我都要把猪油挑出来丢掉。"旁一人云:"女士要少吃脂肪才会苗条。"卢溢芳颇不屑:"我从来不吃猪油,但是我还是这么胖。"周錬霞笑语:"卢先生所言甚是,须知肥肉之本身,也是从不吃猪油的。"阖座大笑。

周錬霞有"錬师娘"之称,几盖其本名。此称来历,知者甚少。某次周錬霞手指上生一疔,以纱布缠之,为老画师丁悚所见,建议她在纱布上绘以丹青,辄疗之肮脏转为雅观。周錬霞笑曰:"疔亦有雅俗之分耶?然则老娘何幸,生此雅疔。""疔"与"丁"同音,周錬霞以此调侃丁悚,以"画师老娘"居之。此后,同文游宴侑酒,皆以"师娘"呼周錬霞。

律师王效文,在某宴上与周錬霞邻座,遂问其为何称"錬师娘"。周錬霞笑言:"錬,自本名而来;师,指大律师;娘,为姆妈。盖此名之意为大律师之姆妈。"王效文舌结不能语。

陈蝶衣访周錬霞寓所,周向其展示旧作《银汉词》一册,陈蝶衣诧问:"师娘女子,奈何曰汉?"周錬霞曰:"女子便不知有汉?"陈蝶衣哑然。遂谈正事,乃是邀周錬霞就任《万象》旬刊的书画编辑。周錬霞允之。岂料第一期《万象》刊出,即出讹误。内中登载了一幅张大千绘的观音大士图,题为《已故蜀人张大千绘观音大士图》。众皆哗然,惊诧打听"张大千何时已故"。周錬霞随即在第二期的《万象》上撰文致歉:

> 陈蝶衣先生要我助编本栏时,刚正我牙齿痛得很厉害。所以只把稿子交给陈主编,没有自己去看样;及至出版了,翻开一看,不禁大叫起来,为什么张大千名字上,多排"已故"两字呢?立刻跳起来打电话去问,才知排印处把张大千的画,和善孖的画调错了。他俩虽是兄弟,但这样阳差阴错,错得太远了!实在荒乎其唐!现在特为更正,并向大千先生敬致十万分歉意![3]

沈苇窗曾记錬霞分衣一事。1944 年,周錬霞身穿新做的织锦缎旗袍赴宴,众皆称此

---

[3] 周錬霞:《错》,《万象》1942 年第 2 期。

衣颇古色古香,与师娘气质不符。

> 师娘莞尔曰:"方今厉行节约,衣此而及旧敝,尚可供书画装裱嵌锦之用也。"闻者咸称善。则又纷纷预约其旧衣料。于是有愿得其胸前数寸者,有愿得其背部一方者,或上或下,或左或右,不片时而分配殆尽。某君好雅谑,则谓愿得师娘臀部一圈,并请于其上佩一红条,以作标识,如预定画件例。④

画家周錬霞在作画(王金声供图)

人与师娘笑谑,周錬霞向不以为忤。时人评周錬霞:"錬师娘游戏之间,亦乐于如此。倘教她挤在女人淘里,便该浑身没劲矣。"此言差矣。周錬霞之闺中密友,如潘柳黛、苏青等,皆为性情豪放有须眉气之女子。

报人唐大郎常在专栏中述及柳黛、錬霞、苏青轶事:

> 潘柳黛近自新闸路迁居于麦特赫司脱路,进宅之后,招友好集其新居。一夜,所款皆女人,计有丁芝、田心、谈瑛、苏青、张宛青及周錬霞。酒既酣,说话渐放浪,驯至不可收拾,事后有人稍稍泄其事于外,而不肯言其详。总之,几个男人所不敢谈者,以上人物,无不谈之。试举一例:房间之墙壁上皆漆花,有人问柳黛曰:"这是什么图案?"则答曰:"这儿都是葡萄架。"座中人哗然。苏青曰:"然则汝为武大老人矣。"众又问曰:"孰为西门庆邪?"然此犹不足穷其艳腻。真穷其艳腻者,不可实吾文,我亦不敢舒之腕底。⑤

1928年,忽冒出周錬霞之闺蜜叶绿君女士,在《申报》上征求男友,哄传一时。此事直至十年后方才为人揭穿。

《申报·自由谈》在1928年9月连续刊登了数篇署名"叶绿君女士"之文,尤以《我

---

④ 苇窗:《錬霞分衣》,《力报》1944年12月19日。
⑤ 高唐:《高唐散记·怨女会》,《铁报》1946年3月22日。

理想之男友》为人瞩目。文中列举十四条择男友的标准，并于10月28日在《申报》上刊登了一则《征求男友》的广告："有相当学识，无轻薄积习者，请函《申报》天字五五六号信箱。"人皆好奇，此叶绿君为何许人也？《上海画报》随后刊登出了叶绿君女士之像⑥，颇为温婉动人。

一时间，求爱应征信如雪片飞来，轰动一时。《小日报》趁势登出《叶绿君女士投浦记》，详述叶绿君早岁往事，提及其为苏州人，与名作家范烟桥为邻居，幼习画，与周鍊霞、吴青霞皆为闺中密友。此文刊出，好事者皆赴周鍊霞处打听叶绿君，令周鍊霞诧异不已。她与叶绿君并不相识，"闺蜜"之语从何而出？

周鍊霞遂于《小日报》上刊登启事：

> 近接友人及不相识者来书，谓贵报曾刊叶绿君女士小史，有"叶女士雅擅绘事，与海上女画家周鍊霞、顾青瑶、吴青霞等为莫逆交"云云。因是投书垂询叶女士之详情者，日由数起，甚至踵余画寓，要求面答，使余万分诧异，且不胜其烦。按：余友人中，既无叶绿君女士，更何从而知其一切？恐贵报读者，再发生同样误会，特此郑重声明。⑦

范烟桥亦声明，不认识所谓叶绿君女士："二十年前之芳邻，左首系茶馆，右首系酒馆，并未见过所谓叶绿君女士者。"

周鍊霞启事一出，叶绿君女士遂匿无音讯。直至十年后，《电声》杂志上刊载了《徐卓呆自认是雌孵雄》⑧一文，揭露徐卓呆十年前想收集许多男性的肉麻情书，于是化名"叶绿君女士"在各报投稿，为了怕被疑心是男性化名，还制造了许多与叶绿君女士有关的假新闻，引起社会关注后，再登报公开征求男友，获得了数百封应征情书。还曾以一张日本女伶的照片登在报上，以冒充所谓的叶绿君女士，据说此事亦有赵苕狂的参与。故此文作者不无讽刺地说徐卓呆以"男子汉而化女子名，已经有点那个，还要以为得意，那简直是自认是雌孵雄⑨了"。

---

⑥ 刊《上海画报》1928 年第 418 期。
⑦ 周鍊霞：《周鍊霞启事》，《小日报》1928 年 12 月 8 日。
⑧ 刊《电声》1938 年第 7 卷第 24 期。
⑨ "雌孵雄"为沪语，指阴阳人，半男半女。

此言想必不假,从署名"叶绿君女士"之《狗之奇名》文中,便可一窥端倪。"我友茜棠女士,嗜狗成癖。其夫陆明晦先生新自南欧归来,购得欧种之犬四,茜棠一一为之取名。"陆明晦,即汪仲贤,乃徐卓呆腻友,两人创办开心电影公司,拍电影,演话剧,写剧本,如影相随。1945年,徐卓呆以"阿毛哥"之名,撰文《叶绿君女士》,承认此事为其一手策划,周鍊霞莫名之闺中密友,终真相大白。

时海上女画家中,周鍊霞与吴青霞并称"二霞"。陈蝶衣曾赞周鍊霞之画,翎毛花卉,设色奇妍,特为其画赋诗一首:

花颜帘底明深浅,柳色风中炫起眠。

一样江南风物好,只怜不是旧山川。

周鍊霞诗才亦佳,每于画作上题诗,诗画相得益彰。唐大郎曾说:"鍊霞之画,识者谓其未必臻超凡绝俗之境,然予每见其题画之诗,乃觉其画,亦朗朗多姿矣。"

1927年,周鍊霞嫁给嘉定世族子弟徐公荷。徐家自嘉庆朝起,先后出过徐经、徐郙和徐邠三位进士。徐公荷,号绿芙外史,有晚蘋、绿芙、荷公等笔名。

徐公荷任职于上海邮政所办之《邮声》杂志,为文艺栏目编辑主任,故《邮声》中刊有周鍊霞甚多画作及小影。徐公荷对摄影亦在行,相机时时携带,为周鍊霞拍了很多照片。彼时沪上各画报刊物如《上海画报》《天鹏画报》《上海漫画》等,刊登了大量的周鍊霞小照,多出自徐公荷手笔。

徐晚蘋为周鍊霞所摄照片

徐公荷亦能文,1929年出版了小说集《鹦哥》,还曾任《金钢钻》报的编辑,与朱大可、陆澹安、施济群、张恂子、蒋剑侯、俞逸芬等为同事。1930年,徐公荷主编《民众生活旬刊》,此为文艺刊物,以刊登长篇小说为主,如包天笑之《十姊妹》、程小青之《霍桑探案》、徐卓呆之《饿得要死》、胡宗彪之《巴黎万恶史》、黄文农之《诸葛亮》等。

周鍊霞为徐绿芙画像,《邮声》1928年第2卷冬季汇刊

画家周鍊霞的全家照(王金声供图)

徐公荷与报人唐大郎、诗人长发头陀(浦泳)为嘉定同乡,过从甚密,与浦泳合开画展,与唐大郎诗酒相酬。三人为腻友,言谈无忌,互相嘲谑。晚蘋风度翩翩,惜中年时发量渐稀。徐公荷嘲唐大郎的四方脸型,云:"大抵人各自爱其貌之美,故大郎为西风⑩面孔,其笔下佳人,亦都为西风型之面孔。"唐大郎反唇相讥:"果似此说,则女人须自己秃鬓,而始悦晚蘋之美矣。"如此讥嘲,实在煞根。

时人以"文武双全"谓徐公荷,盖徐不仅能文擅画,且国标舞跳得极好。周鍊霞之为人豪疏,不仅在友朋间,亦在夫妇间。晚蘋日夕盘桓于舞厅,还收了好几个红舞女如高桥松饼王珍珍、郑明明、宓令等为义女,周鍊霞毫不在意。

某日,周鍊霞与徐公荷同赴婚宴。礼毕,周鍊霞与女友先行回家,徐公荷则去大东舞厅跳舞,带着舞女陈翠钿一同再赴友人宴。席上有平襟亚夫妇和唐大郎夫妇。忽有

---

⑩ 此"西风",指麻将牌之"西风"。

电话打进饭店包房,请平襟亚听电话,乃周鍊霞。

问:"晚蘋在否?"平襟亚曰在。

又问:"是否有一舞女陪同而来?"平襟亚不敢言,支支吾吾。

又问:"我可来否?"平襟亚曰:"可。"

又问:"晚蘋许我来否? 请晚蘋听电话。"平襟亚脸色发白,觉大祸临头,一场夫妻相闹势不可避免。

十分钟不到,周鍊霞至饭店。陈翠钿鞠躬为礼曰:"过房娘好。"鍊霞笑应之。饭毕,又与徐公荷、陈翠钿同入舞场跳舞。平襟亚笑谓"鍊师娘果奇女子也"。

1945 年,徐公荷赴台湾接收邮政业务,一去杳杳,与周鍊霞一别三十年始相见。然,但使两心相照,无灯无月何妨。

何行揭光怪陆离现象
——香港海派作家列传之三

沈西城

　　求学时期,爱看小说,看得最多的是社会言情作家杨天成的小说,其刻画富家少爷生活荒唐、糜烂,厚达三十册的《纨裤子弟手记》名闻报界,可说到他写得最好的作品,我独推《五月的红唇》《冷战夫妻》这一类的都市写实小说,叙庶民生活的甜酸苦辣,写男女爱情的变幻迷离,诱人至深。只是杨君的《纨裤子弟手记》名堂太大欤,反过来掩盖掉他那出类拔萃的写实珍品。环球出版社社长罗斌生前言我:"胖子老杨的《纨裤子弟手记》当然夸啦啦,人人拍掌,在我眼里,还是他那些写小市民奔波劳碌生活的写实小说最最崭,崭得勿不得了!"手捧这棵摇钱树,罗斌乐得笑呵呵。他口中的胖子老杨,一生到底写了多少部小说?没有计算机的时代,难有准确统计。听人家讲,他写作速度奇快,两三天便可以写一本,由此揣测,他的作品数量一定不会少,可遗憾的是杨天成英年早逝,刚到知命之年便走了。罗斌痛失良将,"钱"途黯然,脑筋伤透,往来踱步于办公室,久久仍无良策。一向镇定逾恒的罗斌,也不由得发急。

　　正当此际,天上落下馅饼,救星出现了。其作品也是走都市写实路线,只是格调略有不同,原先杨天成的写实小说,除了写实,还带上幽默讽刺气味,是喜剧,代表作就是《难兄难弟》(拍成黑白电影,由谢贤、胡枫主演)。这位后起之秀,只是抱着为写实而写实的态度,无一处幽默,讽刺更是阙如;文笔嘛,哪有什么婉丽劲健,庄妍流美,直是一条根通到双脚底,精细不足,同时行文还蕴含着浓厚的上海腔,广东读者看不明。不消说,"馅饼"必然是上海人。对了!这位作家不是别人,正是老上海何行。

　　何行原名陈耀庭,20世纪40年代末期,打上海来港,曾在大上海最有名的百乐门舞厅当领班,在灯红酒绿的欢场中生活过,对社会上一切古灵精怪的事情懂得特别多,因而写起洋场百态、人海怪事,不但驾轻就熟,得心应手,更且传神阿堵,入木三分,迅即有大量追随者。何行自家说过,弄笔头纯是为了讨生活,不过开头摇笔杆,并非在香港,而

第二排右起第二人为何行

右起第一人为何行

是在上海。许多年前,看到何行一篇文章,写他跟吴嘉棠(报界闻人,曾赴美国密苏里大学新闻系学习,得文学学士学位)的交往,原来在上海时,已经做过记者,到了香港投身新闻界,只能说是再作冯妇。不懂何行的人,以为他不过是一个舞女大班,没有文化,其实他跟报界早有渊源,过来人说过:"耀庭比我入行早,我要叫他老阿哥。"看人勿可单看表面哦!跟何行说话,是一种享受,一种灵魂飞上天的享受,享受之余,也会学到不少人生哲理。他就像一个百宝箱,里面装满稀奇古怪的物事,随手拈来,都是妙谛。他会滔滔不绝地告诉你如何出老千:"要看伊个手,老千只手,通常都是节骨软软,玩牌、偷牌方便呗!"也会向你诉说欢场儿女的种种脏事:小姐装腔骗伊户头大肚皮;高踭皮鞋塞假钞票;串通小白脸敲竹杠……荡舞厅要懂法道,要不是,必做冤大头。没去过,勿要紧,就算听,也会听出七分味道,笔之于书更是味道十足。

何行替环球出版社写了"香港镀金生活"系列小书,包括《花花世界》《光怪陆离》《梦中天使》《神女手记》《声色犬马》等,生动地描绘了香港社会上种种光怪陆离的景象。书畅销,老板乐,一本本地出下去,有直追杨天成的气势。囿于传统纯文学思想,何行的小说虽相当流行,文学价值却一直不为人重视。

许多年后,何行去世了,我在香港接待了一个日本友人,闲谈中,说到香港作家。日本朋友是京都大学现代中国文学研究生,中文程度比一般中国人还要好,他对我说:"不久前,我在神保町旧书店,捞到一本书,专事描写香港洋场,作者构思的情节很好,只嫌写得粗疏了一些,稍加修饰一下,许会成为很好的大众小说。"大众小说者,便是流行小说。日本朋友口里所说的小说,就是何行的作品,可见何行的小说写得并不坏,至少对日本人的胃口。

何行胖嘟嘟,一米六八高,嘴唇留仁丹胡子,头发梳得油亮光滑,外形嘛,在海派作家当中,可称得上是表表者,穿上挺括洋装,没人不说是典型上海大亨,哪有什么作家范儿?我跟何行交往并不多,可有一桩事体,永难忘掉。五十年前,我还是文艺青年,跟何行有次聚会,那时候我对写作十分倾心,常思做作家。我父亲的朋友郑福麟,是申曲名小生,知道了我的意愿,特意来劝我,千万别学人摇笔杆。为了打消我欲当作家的念头,请了何行、卢大方作说客,跟我见面。那天晚上,大约七点多钟,郑福麟在北角四五六菜馆请吃饭,派头一落,大汤黄鱼、红烧蹄髈、清炒虾仁,再加腌笃鲜,枱上放一坛女儿红。何行依约而来,穿一袭靛蓝西装,白衬衣结红领呔,满满溢着绅士气派。坐下不久,他便跟郑福麟老酒一杯杯地喝起来。何行那时顶多四十多岁,皮肤黑黑的,脸上泛着油光,老酒喝下去,脸不易其色,跟郑福麟一边吃喝,一边讲话,谈锋甚健。

抽空儿,我问他:"为什么会写起小说来?"

他眯着眼睛说:"小开,老哥哥为了生活呀!"

我好奇问:"写小说可以养活屋里向人?"

何行笑了一下:"出了名,那就当然可以,要勿是,饿死人。"接着,又劝我千万别吃这行饭,只

何行作品书影

能把它当成业余兴趣,赚外快,晓得哦?同时告诉我,以我当时的年龄,绝对不适宜写小说。旁边的卢大方好心地帮着劝。给浇了冷水,我有点不快,也就大口喝起酒来。

何行用台上毛巾拭了一下沾油腻的嘴唇："你经历太少,写什么呢？乐没享过,苦难没挨过,有啥好写？"

年少气盛,我不服气："那么,依达是什么回事？"依达是当年香港最红的流行爱情小说作家,书迷万千。以为何行当无以答我。

孰料何行哈哈一笑,道："小老弟,那是一万个例外,香港有多少个依达,对哦？"真是气结。

自从那次之后,我很少见到何行。70年代末,偶然在一些夜店碰到,身边总是围着一大堆人,粉黛佳人,蛇腰美妇,醇酒清影,调笑不已,醇醪似乎是他唯一的老朋友。80年代中,过来人跟我说："耀庭自从女儿坠楼死去,得了糖尿病,锯了腿,行动不便,少出来走动。"我听了,有点难过,一个人没了腿,要靠义腿行动,那是多不方便呀！何行一向讲卖相,义腿走路,一瘸一拐的,难看死了,他哪能过得了这个坎！双重祸至,意兴阑珊,何行的小说写得越来越少,只有一些杂文在报上支撑场面,好让读者还记得曾有他这个人来。

到了80年代,香港海派作家越来越少,气势大不如五六十年代。以前,过来人、方龙骧、何行和冯凤三合称"海派四大天王",后来陆续离世,先是何行,继而过来人,方龙骧随之,冯凤三殿后。近年金庸、倪匡亦奉修文之召,海派作家更见凋零。今日香港文坛已成粤人天下矣。时光推移,这是必然趋势。南来上海人在香港居住一久,海派、粤派之类的地域观念,渐次消泯。新一代作家,即便原籍上海,客居香港,受粤俗同化,早已变成地地道道的香港人,身上哪还有半点"海派"的气质和作风！

追忆 A11 与 B22

周全平

一

上海闸北宝山路三德里 A11 号曾是创造社出版部的旧址。从 1926 年 2 月（小伙计们移住进去），到 1929 年 2 月（创造社出版部被封闭），整整三个年头，小伙计们（我们那时习惯把自愿在出版部工作的年轻人叫做"出版部的小伙计"）曾在那儿消磨了最可宝贵的三年青春；结识了当时驰骋在中国新文坛上的一些青年文艺集体和闯将，如"沉钟社""浅草社""湖畔诗社"及陈翔鹤、高长虹、汪静之……写出了许多当时能触及青年心声的文艺作品，如柯仲平的《海夜歌声》，我的《烦恼的网》和《梦里的微笑》……出版了流行于当时的定期刊物，如《洪水》半月刊、《创造月刊》，以及畅销的文艺作品，如郭沫若的《落叶》、张资平的《飞絮》……

我也曾在 A11 住了整整十一个月，从 1926 年 2 月下旬（我和叶灵凤从上海老西门内阜民路移住到三德里）到 1929 年 10 月下旬（我中途离开出版部到黑龙江大赉县去垦荒）。

因此，对 A11 我是应该念旧的。

当我从上海城内阜民路移家到 A11 号时，首先震惊于突出在周围环境中的半西式楼房。现在我干枯的记忆中，记得好像是在马路旁边有两排分列的小洋房。进弄时，看见迎面的两排房子的墙上横联着一条粗铁丝网，上面缀着"三德里"三个钢铁大字，十分显目。进弄后，好像记得 A11 号是在第二排房子的横弄里。横弄是一式四幢（或五幢），A11 号是横弄进去的第二幢。向右弯进横弄，面对横弄水门汀（那时叫水泥为水门汀）浇的横弄马路，一层楼的小洋房矗立着。

由横弄马路通过两扇小铁门，经过一个宽同小洋房而进深不满一丈，砌有几个圆形花坛的水门汀院子,踏上三步石阶,就走上了宽同房子而进深不足两米的楼下阳台。

周全平《追忆 A11 与 B22》手稿

楼下前间的一扇不足一米宽的小门通过走道(用木板从后面隔开来的)可以走到后面灶间;还有一个两扇窗门八块玻璃的大窗子,面临着楼下阳台。

从楼上后间窗下披盖下来灶间,不用上台阶,可以从横弄马路平走进来。灶间同小洋房一样宽,进深只两米多,地面也是水门汀。灶间后门旁的一个有铁栅栏的小窗下有一个自来水龙头,下面有一个污水池。灶间的无门的一侧,砌有一个烧煤的大三眼灶:(放置)两个铁锅和一个烧水的深铁罐。我记得,上班时,开水是整天都不断供应的。

从灶间门经过用木板隔开的楼下后间,一直可以通到楼下宽尺的前间:摆着一张大长桌,是出版部的包扎房和营业室。

从灶间不去前间时,可以从楼梯上楼,一直走到明亮宽大、有着两个向阳大玻璃窗的前楼,那时是小伙计们的编辑室和会计室。

这样好的工作场所,后来很少遇到过。所以今天追忆起来,还是不胜其怀念的。

二

讲到 A11,不能不念及 B22。

B22 号是在 A11 号后门斜对面的一幢,也是一层楼的小洋房。我所以不走 A11 号前门,就是因为从后门出来,走斜对面的 B22 号前门最方便。

B22 是我于移家到 A11 号不足两个月时,因灶间失火,烧伤了我的六妹,便租下了 B22 号。母亲、六妹和我便从 A11 号移到 B22 号。不久,小伙计乡人潘汉年也从 A11 号移住了过来。幸亏这一移住,逃避了两个月后的一次搜捕。

B22号房子的外观大体同A11号相似,稍低些,开间也要小约一米。楼前也有砌着圆形花坛的院子,楼下也有要走上两步石阶的阳台。楼下不分前后间,是一个统长间。楼下后面也有一个灶间,大体同A11号而规模稍小些。我和汉年都在楼下长间里写作。汉年睡也在长间里,我们吃也在长间里。母亲和六妹都住在楼上。母亲因上下楼房太累,所以在灶间烧好饭和菜后,大家一道在长间里摆了一张八仙方桌吃。有时母亲高兴,或者过节,还让我把A11号的小伙计们请来同尝母亲烧的宜兴菜。

我1926年10月离开出版部时,母亲仍住B22号。但我1929年回上海操办西门书店时,母亲已移住在法租界吕班路大陆坊了。

我在B22号住了不足七个月,但对它的怀念还是很深的。

附 记

四十年前,为编《回忆郁达夫》一书,我打听到远在新疆拜城的创造社"小伙计"周全平先生的地址,去信求稿。他老人家给我寄来了两篇亲笔文稿,一为《略忆创造社元老——郁达夫先生》,已经收入拙编;另一即这篇用钢笔写在五页不到薄作业纸上的《追忆A11与B22》。

四十年过去了,这篇纸张已经泛黄的短文一直存在我处,日前整理书刊才检出。上海宝山路三德里A11号在中国现代文学史上是有点小名气的,创造社"小伙计"们在这里续编《洪水》第二卷和新创办小刊物《A11》等,这里是中期创造社的据点。1932年"一·二八"事变中,三德里A11号与商务印书馆等一起毁于日本侵略军的战火。

周全平这篇短文虽然对"小伙计"们在A11的文学活动回忆不多(这当然与他当时手头毫无参考资料有关),但还是留下了对A11和B22的也许是唯一的文字描绘,故交《海派》刊出,供对创造社和海派文学有兴趣的读者参考。

陈子善
2022年8月28日

姚苏凤的"侦探小说学"(下)

韩 东

重启之侦探小说翻译

在姚苏凤所处的20世纪40年代末,民众识字率尚且不高,更不用说能够掌握英语去阅读原版书。因此,翻译显然是传播侦探小说的一个重要手段。评介文章就像望梅止渴,读者虽然通过文中描述能够了解作家作品,但不亲自读一读恐怕并不能知道其中妙处,更无法体会当时侦探小说发展的高度。1945年9月抗战胜利后,姚苏凤返回上海,在短短几年间翻译了数本长篇及短篇小说,共计几十万字。

1945—1949年姚苏凤翻译的侦探小说篇目列表

长篇:

《豪门血案》(今译《特伦特的最后一案》),E. C. 本特利,《铁报》1948年1月5日—8月3日,全十九章完①

《皇苑传奇》(今译《罗杰疑案》),阿加莎·克里斯蒂,《大侦探》第20—36期(第31、35期未刊),1948年5月—1949年5月,全二十七章,连载到第十三章

《弱女惊魂》(今译《悬崖山庄奇案》),阿加莎·克里斯蒂,《宇宙》第1—5期,1948年6—12月,全二十二章,连载到第五章

《奇人奇死》(今译《五盒之谜》),卡特·狄克森,《红皮书》第4期,1949年,全十九章,只刊载了第一章

---

① 此书英文版为十六章,姚苏凤自行分割成十九章连载。

短篇：

《十三号狱室遁踪记》(今译《逃出十三号牢房》)，杰克·福翠尔，《生活》第 6 期，1948 年 3 月，只刊载了上半篇

《世界上最可鄙的人》(今译《世界上最卑鄙的人》)，埃勒里·奎因，《红皮书》第 1—3 期，1949 年 1 月，全八章完，广播剧本

《隐身客》(今译《通缉犯逃遁案》)，阿瑟·柯南·道尔②，《上海警察》第 3 卷第 8、9 期，1949 年 2、3 月，全九章，连载到第六章

单行本：

《隐身客》③(今译《通缉犯逃遁案》)，阿瑟·柯南·道尔，华华书报社 1948 年 10 月

从现有资料来看，姚苏凤对于侦探小说的翻译比评介文章稍晚，大约始于 1947 年末，或许是因为《欧美侦探小说新话》的发表引起了读者强烈反响。翻译的高峰集中在 1948 年，在《隐身客》译后小记中，姚苏凤提到"我最近半年来对于国外侦探小说名著的译介工作之渐成癖嗜"。《豪门血案》是姚苏凤的翻译首秀，正如《新话》中所提到的，选择这本书是因为它当时在侦探小说领域是"同行公议第一"。之后长短篇的翻译都面临了一个问题：时局动荡使这些译稿还没连载完，杂志就停刊了。因此，我们现在可见的完整译稿仅三种：长篇小说《豪门血案》，短篇广播剧本《世界上最可鄙的人》以及单行本《隐身客》。

不过，结合一些资料，笔者推测姚苏凤应该是译完了上述大部分未刊完的篇目。例如，他在《皇苑传奇》译者前记中叙述道："恰巧《大侦探》杂志的主人吴承达兄专诚来舍问我索稿，我毫不

单行本《隐身客》(福尔摩斯复活)

---

② 此文最早作为"福尔摩斯系列"佚作在 1948 年 8 月发表，但后于 1949 年 1 月被证实为仿作，原作者为亚瑟·惠特克(Arthur Whitaker)。姚苏凤在翻译时，仿作质疑一事还未发生。

③ 单行本《隐身客》中还收录了一篇福尔摩斯仿作《九十二支蜡烛》，作者为广播节目主持人特德·马龙(Ted Malone)。

踌躇的就把这本《皇苑传奇》送了给他。"显然,在连载此书之前姚苏凤已经完成了全文翻译。此外,在单行本《隐身客》的后记中,姚苏凤提到当时陈蝶衣逼迫自己用一星期的时间赶译出来,而他最终花了30天,"真是慢的可以"。《隐身客》一文大约三万字不到,平均一天翻译千余字,这对于一位业余翻译来说速度并不慢。以《皇苑传奇》为例,大约12余万字,也就是说姚苏凤以正常的速度在四到五个月内可以完成翻译,而结合刊载时间来看,《皇苑传奇》持续了一年,《弱女惊魂》为六个月,哪怕就是在这个时间段内开始翻译,也能译完,更不用说《十三号狱室遁踪记》之类的万字短篇了。在《世界上最可鄙的人》连载完后,文末有一则广告,显示姚苏凤下一期将翻译"波洛探案系列"的长篇《十三个座上客》(今译《人性记录》)。但是,在下一期的《红皮书》上,这篇小说并没有出现,取而代之的是《奇人奇死》。假设此时姚苏凤已经翻译了《十三个座上客》的部分章节,弃稿而赶译《奇人奇死》显得有点得不偿失,毕竟前者已有一定基础。当然,有人会猜想,或许当时姚苏凤刚刚看完《奇人奇死》,觉得一定要翻译介绍给中国读者,而此时《十三个座

姚苏凤翻译的《皇苑传奇》

上客》并没有翻译几页,所以临时改变了计划。不过,结合上文提到的《皇苑传奇》译者前记来看,长篇的翻译往往基本成型后才会投稿,所以另一种猜测或许更为合理:虽然《十三个座上客》当时已经译完投稿给了《红皮书》杂志,但姚苏凤读完《奇人奇死》,颇为赞赏,便临时撤稿赶译了《奇人奇死》。以上种种仅为猜测,无论真相如何,当时的读者因为杂志停刊,并没有领略到这些杰作的风采,特别是那本包含着侦探小说历史上惊天结局之一的《皇苑传奇》,这不得不说是一种遗憾。

关于姚苏凤的侦探小说翻译,笔者认为有三大特色:

一是译文的本土化。在《豪门血案》译者前言中,姚苏凤坦言:"我力求其'通体流利',不为中国读者所不习惯的西方文体所拘束。有许多地方,甚至于是完全重写了的。"在《皇苑传奇》译者前记中,姚苏凤认为:"我的译述方法是我所自创的'中国语文化的重述';既非按字按句之直译,亦非不求甚解的意译,我是尽可能地依照着我们中国

人的谈话叙事的习惯方式(甚至尽可能地使用了中国的成语)把原来的故事忠实地但是顺适地重述出来。"例如在《皇苑传奇》第一章中一段奚柏医生姐弟的对话,英语原文中姐弟之间互称名字,奚柏医生的名字为詹姆斯,但姚译将其改为'柏弟',显然这更符合当时国人姐弟之间的称呼习惯。又如第一章中讲到"用来探听消息的仆人和小贩",如今译本都为直译,而姚译为上海方言"包打听"显得颇为贴切。当然,类似这样的例子比比皆是,笔者在此想再举一个关于专业名词翻译的例子,它也是笔者非常喜欢的一个妙译。Hardboiled 如今一般直译为冷硬小说,其中的侦探角色往往冷酷强硬,小说中动作场面较多,主要描述侦探如何凭着一双硬拳和打不死的精神,执着地追寻真相。姚苏凤用上海方言将其译为"杀搏结棍派",仅从非方言的角度来说,"杀搏"两字已经是很好的概括,而"杀搏""结棍"在方言中另有所指,前者常指做事彻底或身体结实,而后者则是厉害的代名词,两者连用与冷硬派小说所传递的特色相当契合。

二是篇目选择的超前性。这点在之前评介的部分中已有提到,在此不多赘言。在姚译之后,《特伦特的最后一案》和阿加莎·克里斯蒂的作品在20世纪80年代被再次引进,而杰克·福翠尔和卡特·狄克森的译本则在2008年前后与中国读者重新见面,相隔了整整60年。埃勒里·奎因的作品也是在80年代再次引进,但《世界上最可鄙的人》直到2018年才拥有新译本。姚译的超前性不言而喻。

三是篇目的高质量。纵观姚译的这些篇目,《弱女惊魂》为早期"波洛探案系列"的代表作之一,而《皇苑传奇》更是阿加莎·克里斯蒂的成名作及巅峰作之一,对于后辈侦探小说作家影响深远。《豪门血案》在前文已有提及,"同行公议第一"。《十三号狱室遁踪记》代表着短篇侦探小说黄金时代的最高水准,曾入选多个侦探小说榜单。《奇人奇死》与姚苏凤在评介中提到的"以情节离奇高潮稠叠取胜"不谋而合,开篇就是不可能犯罪大师约翰·狄克森·卡尔的经典怪奇场景:主人被刺身亡,三名与会者都中毒昏迷,这三人身上都带着无法解释的东西:一个人带着四只手表,一个人带着闹钟上的闹铃装置,还有一个人居然带着生石灰和磷。至于《世界上最可鄙的人》,则是埃勒里·奎因在小说创作以外的另一大成就——广播剧创作。当时,每周的奎因广播剧在所有线索给出之后会停下来,接着由知名来宾组成的陪审团"扮演"在家听广播的听众,在一场没有预先排演的辩论中找出谁是凶手。在1943年11月22日美国《生活》杂志的报道中，奎因每年从广播剧中所得超过 10 万美元，每周收听的听众超过 1500 万人次。正是高质量的广播剧，让奎因这个名字家喻户晓。

"最了解侦探小说的中国人"的炼成

仅仅抗战胜利之后的几年，姚苏凤关于侦探小说就发表了如此多的评介文章和翻译作品，不仅在数量上，更在质量上显示出其对当时侦探小说发展情况的精通，然而这样一位称得上当时"最了解侦探小说的中国人"是怎样炼成的呢？这恐怕与以下三个问题密不可分。

姚苏凤到底拥有以及阅读过多少侦探小说？

众所周知，没有庞大的阅读量是无法拥有开阔的眼界的，更不用说评判作者的高下。在 1945 年为"霍桑探案袖珍丛刊"写的序言中，姚苏凤提及当时在重庆阅读了五六百本欧美侦探小说。在 1946 年的《欧美侦探小说的新进步》中，姚苏凤重复了上述观点："我在过去的三个年头里曾经忙里偷闲地读过了三四百种欧美的侦探小说的新著。"而在 1947 年的《欧美侦探小说新话》中，这个问题有了更具体的答案："近年以来，我所读了的欧美侦探小说，至少在一千种以上；寒家绝少积储，惟书架中侦探小说数量却日积月累地增加到超出了两千册的数目。"在这段话之后，姚苏凤还特意俏皮地加了注释，表示自己愿意出借藏书，读者可以通过杂志跟他联系，唯一条件是"欲借者请先购一二新出版之侦探小说留置我家"。那两千册这个数字在当时的侦探小说收藏领域是什么概念呢？1957 年，当时最伟大的侦探小说收藏家弗雷德里

姚苏凤《欧美侦探小说新话》中有趣的注释

克·丹奈(合用埃勒里·奎因这个笔名的作者之一)将他的收藏卖给了得克萨斯大学,共计 5000 余册。1981 年,加州图书拍卖画廊举行了史上第一次大规模的侦探小说专场拍卖,持续三天,拍品共计 3200 多册。虽然姚苏凤的收藏多是再版本、平装本,与丹奈无法相提并论,但在侦探小说收藏尚未兴起的 20 世纪 40 年代,这两千册的储藏量足以使其达到世界一流的侦探小说收藏家的地位。

姚苏凤是从哪里买到/阅读到当时最新的侦探小说?

姚苏凤活跃于报业和电影界,人脉广泛,托人从海外购回侦探小说自然不是难事。在《欧美侦探小说新话》中,他提到:"我有一个美国朋友,他在美国,经常把各书局新出版的侦探小说寄来。"但另一个渠道显然更为重要。自 1843 年开埠以来,上海逐渐成为我国对外贸易的中心城市,甚至曾经占据了全国进出口贸易总额的八成以上。随着商业发展,外国人纷至沓来,寻找淘金机会,同时也带来了各种各样的舶来品,其中之一便是海外的书籍杂志。在《欧美侦探小说新话》中,姚苏凤介绍几种侦探小说杂志时,提到"上海所买得到的侦探小说杂志中,自以 Ellery Queen's Mystery Magazine 为最佳"。《埃勒里·奎因神秘杂志》创刊于 1941 年,几乎所有侦探小说大师的作品都曾在此杂志刊载过,是现存历史最悠久的侦探小说杂志。《欧美侦探小说新话》中提到的其他杂志如《黑面具》,丛书如"袖珍小丛书"(姚苏凤谓之"我国读者所熟知的一种",可见在当时国内已经可以买到。在注释中,姚苏凤补充道:"'袖珍小丛书'中所选印的各种侦探小说,在上海的销数,即远超过同一丛书中其他文学名著之上……"),柯林斯的"犯罪俱乐部"等应该在当时的上海都能见到。

此外,笔者想举一典型案例借此说明上海当时引进侦探小说速度之快。在《隐身客》的译后小记中,姚苏凤提到:"我首先得到了这一篇奇文的英国版,读过后也就随手丢开……直到三个月④以后,陈蝶衣兄也获知了这个消息,立即逼迫我以一星期的时间把它赶译出来……但到今天译成付排,算算日子竟已过了三十天。"此文的落款时间为

---

④ 此处或为笔误,结合上下文来分析,应为一个月。

美国《时尚》杂志 1948 年 8 月号

1948 年 10 月,以此倒推,陈蝶衣见姚苏凤的时间为 9 月,而 9 月 12 日《铁报》上提到"姚苏凤赶译福尔摩斯新探案"的消息也可以互相印证。那这篇《隐身客》的原文是何时发表的呢?它刊登在 1948 年 8 月的美国《时尚》杂志上,姚苏凤显然在出版的当月就读了这份杂志,否则便不会有搁置之后陈蝶衣再来找他的桥段了。考虑到当时通信并不算发达,通过美国朋友邮寄获得杂志会有时间的耽搁,速度不可能这么快,因此,仅凭这一例子便足以说明在那时的上海已经能够同步阅读到海外最新发行的著名杂志了。

"最了解侦探小说的中国人"的朋友圈有谁?

所谓"三人行,必有我师",姚苏凤对于侦探小说的了解,除了自己的兴趣爱好和研究学习,朋友之间的交流必不可少。从他的朋友圈中,我们也能发现一些"隐藏"的侦探小说迷。

包天笑、周瘦鹃　在上文中,笔者曾提及包天笑因与姚苏凤有些世谊,所以是他走上文坛的领路人。而细查发表姚苏凤早期侦探小说作品的杂志,都与名编辑周瘦鹃不无关系。事实上,不论包天笑还是周瘦鹃,他们都是不折不扣的侦探小说迷。包天笑曾经翻译过亚森·罗苹系列,也写过以上海为背景的福尔摩斯仿作如《〈歇洛克初到上海〉第二案》。周瘦鹃在侦探小说翻译上走得更远,早在 1916 年,他就参与了由中华书局出版的《福尔摩斯侦探案全集》的翻译;其后大东书局于 1925 年又出版了《福尔摩斯新探案全集》《亚森罗苹案全集》等,周瘦鹃都有参与。这些作品当时的出版在侦探小说爱好者之间掀起了一股热潮,而热潮中便有那位十多岁少年的身影——姚苏凤。

程小青、孙了红　如果说前两位是领路人,那这两位更像是同行者。两人都是民国时期著名的侦探小说作家,程小青的"霍桑探案"和孙了红的"鲁平系列"皆享有盛名。他们两人都成名于 20 世纪 20 年代初的侦探小说热潮中,与这两个系列发表有关的杂志包括《侦探世界》和《半月》(1922—1924)。姚苏凤早年的作品也正是刊行在这两本杂志上,显然他与孙了红有着相识的可能,更不用说他与程小青同为星社成员,不可能不认识。这份友谊并没有因为抗战中断，反而绵延流长。姚苏凤在侦探小说评介上的复出便是 1945 年为程小青的"霍桑探案袖珍丛刊"作序。而在姚苏凤的译作《隐身客》出版时，孙了红先是以自己笔下侦探名字"鲁平"在《铁报》上发表《姚苏凤赶译〈隐身客〉》，为此书的出版造势；后再以真名发表了书评《〈隐身客〉先睹记》，姚苏凤与这两位侦探小说作家的友情可见一斑。

邵洵美、陈蝶衣 这两位是姚苏凤的同龄人，也称得上至交，两人对姚苏凤在 20 世纪 40 年代重启侦探小说翻译和评介影响巨大。但光从两人的经历和作品来看，他们与侦探小说似乎完全无关，所以称得上是真正"隐藏"的侦探小说迷。在邵洵美之女邵绡红的回忆文章《佩玉展才华》中，她提到："姚苏凤有一时常来，跟我爸爸一起研究美国的侦探小说……书架里有全套的 Penguin Series，是从项美丽家搬来的，还有上百本英文的侦探小说。那是二战期间发给美军消遣用的，战后联合国善后救济总署将其作为'剩余物资'廉价出售，爸爸如获至宝。"在《欧美侦探小说新话》中，姚苏凤写道："当我刚写完这一节的时候，邵洵美兄忽过访，真是来得恰好，我自然给他先读了，并希望他有所补充……邵洵美夫人最近已经决定由她主持时代公司来编印一套世界侦探小说名作选集，即由洵美及我担任选辑之责。"此外，邵洵美为《欧美侦探小说新话》加进了几位不容小看的作家，其中包括克雷格·莱斯[5]。这位美国女作家在 1939 年才发表首作，创作侦探小说不过八年的光景，只能算是崭露头角，并非名家，普通读者不会熟悉甚至可能都没听过，由此不难想见邵洵美对侦探小说了解之深。

陈蝶衣可谓是姚苏凤重启侦探小说翻译评介的最大推手。纵观姚苏凤发表过作品的杂志，《铁报》《生活》《宇宙》的编辑都是陈蝶衣，《大侦探》杂志背后的第一编辑公司的总经理是陈蝶衣，而出版的单行本《隐身客》的发行人也为陈蝶衣。在《欧美侦探小说新话》中，姚苏凤提到："《生活》创刊，编者点题嘱写'关于欧美侦探小说的新貌'一文。"这位编者自然就是陈蝶衣。而姚苏凤在《隐身客》译后小记中提到："陈蝶衣兄也获知了这个消息，立即逼迫我以一星期的时间把它赶译出来。"值得一提的是，《隐身客》的出版

---

[5] Craig Rice(1908—1957)，美国女性侦探小说作家。第一位登上美国《时代》周刊封面人物的侦探小说作家，创作的小说带有幽默喜剧的风格。

令狐彗译《东方快车谋杀案》

者华华书报社还发行过另一本侦探小说——阿加莎·克里斯蒂的《东方快车谋杀案》(令狐彗译),于是阿加莎最负盛名的两本小说(另一本是姚苏凤翻译的《罗杰疑案》)在40年代就有了译本,而它们都与陈蝶衣这个名字密不可分。

有意思的是,陈蝶衣曾在《铁报》上刊载文章《最好的侦探小说》(1947年12月30日),文中提到:

文坛之名士中却有几位侦探小说的"第一流读者",如张天翼、萧乾等,但入迷得甚至于用了研究态度来读着的却是另外的三位:姚苏凤、邵洵美、钱锺书。这三位对于侦探小说都有极丰富的储藏和极精辟的认识。姚苏凤所读尤多,十年以来,他的侦探小说已经足够办一个小图书馆。凡是欧美一二流名家新旧作品,他都一一搜集。朋友跑到姚家去的,就不难看到他的侦探小说书的"俯拾即是"。据他自己统计的,共有八百种以上,真可以说是国内"侦探小说集藏之王"了。

由此不难想见,陈蝶衣对姚苏凤的熟稔和对其在侦探小说领域的成就的极高认可。

董鼎山 他与姚苏凤相差了17岁,完全算是后辈。在《董鼎山口述历史》中,董鼎山回忆:"那时著名的《世界晨报》也移来上海复刊,我认识了名编辑姚苏凤……姚苏凤夫妇是社交舞能手,至今我印象犹在。"20世纪40年代后期,董鼎山曾以"令狐彗"的笔名在《幸福世界》《生活》《宇宙》等杂志上发表文章,自然会与陈蝶衣熟识,由这位圣约翰大学英文系毕业的高材生来翻译《东方快车谋杀案》再合适不过了。考虑到三人的熟稔,姚苏凤在其中牵线搭桥顺理成章,毕竟当时国内也没有什么人比他更了解阿加莎·克里斯蒂的侦探小说。70年代末,董鼎山开始在《读书》杂志上向读者介绍当代美国文学,此情此景与姚苏凤40年代的评介何其相似。

少年的姚苏凤赶上了20世纪20年代侦探小说的翻译热潮,又经历了抗战胜利之后的百废待兴。20岁之后,他来到这个成就了他一生的城市上海,他在此结交了众多好友,奉献了青春,践行着梦想。显然他的侦探小说学、他的百万字侦探小说史只是无数梦想中的一个,但正是这些天时地利人和才让他成为了当时"最了解侦探小说的中国人"之一。虽然新中国成立之后,主流阅读中不再出现姚苏凤所喜爱的侦探小说,但姚先生仍然耕耘在自己的阵地上,为《新民晚报》发挥着才智。姚苏凤于 1974 年过世,他并没有机会看到 1979 年由上海译制片厂译制的《尼罗河上的惨案》,也不可能再读一读同年《译林》创刊号上刊载的《尼罗河上的惨案》中译本,而这两大事件在中国掀起了又一次的侦探小说热潮。当然,姚苏凤先生更不可能想到,进入 21 世纪,随着网络发达以及引进力度加大,他曾在文章中提到过的许多作家的作品几乎都有了中译本,如阿加莎·克里斯蒂、埃勒里·奎因等。但回顾他 80 年前评介中的那些"第一流的作家的代表作",即使在信息获取如此便利的今天,不少作品依然没有被发现,而它们的作者早已在欧美功成名遂,如约翰·罗德[6]的《奥林匹亚谜案》、弗里曼·威尔斯·克劳夫兹[7]的《南安普敦溺湾之谜》等。

  在此,笔者想模仿《欧美侦探小说新话》中的一句话作结语:"要问民国时期的中国人中谁对西方侦探小说最为了解,确是难以回答的,但如果只要举出一位来,倒可以有一个仿佛经过'同行公议'不致有人不服的答案——好在凡是已经读过他文章的人都能同意——他便是姚苏凤。"

---

[6] John Rhode(1884—1964),英国侦探小说作家。其一生共计创作了 100 部以上的作品,在黄金时代影响广泛,至今仍是收藏家热衷的收集对象。
[7] Freeman Wills Crofts(1879—1957),英国侦探小说作家。克劳夫兹的作品注重写实,往往对调查过程有着事无巨细的描写,小说中常有针对不在场证明的破解。其首作《桶子》与阿加莎·克里斯蒂的《斯泰尔斯庄园奇案》共同开启了长篇侦探小说黄金时代。

庄学本、叶浅予交游考

徐自豪

庄学本与叶浅予的交游，目前仅见的公开资料是叶浅予所著之《打箭炉日记》。1945年秋，为助叶浅予、戴爱莲夫妇赴康定采风，庄学本倾力设计线路、安排食宿，雇佣滑竿、背夫，沿途介绍景点，襄助会见地方行政首长，取得证明文件，寻找速写对象、舞蹈高手……康定之行成果累累，叶浅予"离开成都仅一月，画稿就有五百余页"，戴爱莲则学得甘孜古舞、巴安弦子。

从叶浅予的文章中，并不能看出他与庄学本是结交已久，还是初回相见。当时庄学本"为了处理重庆的事物，久久不能成行"，而叶浅予、戴爱莲早在六月初即到成都，足足等了三个多月始克成行。是什么样的信赖与期许，才能让他们等待那么长时间？

叶浅予速写：庄学本，1943年

在2015年北京的嘉德拍卖中，有一幅叶浅予为庄学本所绘的速写头像纪念了他俩的友谊，底下赫然写有"1943 印度庄学本"字样，那么庄学本、叶浅予的结识当不迟于该年。

1943年夏天，经爱泼斯坦介绍，叶浅予作为访问记者前往印度兰姆伽，参观中国远征军的受训，并绘制漫画宣传抗战。在加尔各答，叶浅予举办了重庆、香港题材的作品画展，当地书店选取其中的22幅作品编印了一册名为《今日中国》的画集。

此时的庄学本也在印度，他以股东身份加入康藏贸易公司，先后任加尔各答分公司经理、康藏驮运公司噶伦堡分公司经理。在印三年，庄学本先后到访新德里、孟买、大吉岭、噶伦堡、鹿野苑、贝尔纳斯、乌达坡等地，拍摄作品数量达一千多幅。

虽然在印时间有长有短，叶浅予只停留了四个月，而庄学本驻印三年多，但两人都有相关作品结集。1983年底,湖南美术出版社出版了叶浅予速写《印度风情》,收录作品94幅。1945年5月,庄学本在加尔各答出版了摄影集《西竺剪影》,收录作品13幅,这是他印度题材作品里硕果仅存的大部(2009年版《庄学本全集》仅收录印度题材作品7幅,内1幅相同),同年9月庄学本回国后,将这册影集赠送给叶浅予。

通过比对这两册印度作品集可以发现,庄学本与叶浅予在相近时间去过不少相同的地方。

左为庄学本摄影:释迦佛成道处,菩提伽耶
右为叶浅予速写:菩提伽耶大塔,1943年

印度菩提伽耶(Bodh Gaya)是佛教的诞生地,释迦牟尼在此悟道成佛,玄奘法师也曾到访寻求佛法真义,后来阿育王在菩提树与金刚座所在处修建了佛塔,取名摩诃菩提寺,庄学本、叶浅予的作品均呈现了当年的佛塔英姿。叶浅予在兰姆伽军营工作时,曾借乘远征军的吉普车去相距不远的菩提伽耶观光,在那里见到多位前来朝圣的中国、锡兰僧侣。一眼千年,叶浅予的脑海中浮现出唐玄奘法师在佛塔下的佛脚印大石头上结跏趺坐默诵经文的景象。菩提伽耶见闻自然成为叶浅予创作的素材。1945年夏,应成都昭觉寺方丈之邀,叶浅予画有一幅菩提树下锡兰和尚趺坐图,多年后赵朴初回忆此画,依然钦羡不已。

叶浅予还曾"由朋友作向导",访问了加尔各答以北180公里的Santinketan镇上泰戈尔创建的国际大学,叶浅予将此地译作"寂乡"。他们借宿在学校内由谭云山主持、吴晓铃任教的中国学

叶浅予速写:菩提树下参禅,1943年

院,叶浅予在那里品尝了以甜食为主的地道印度餐。恰逢泰戈尔忌辰,校内"幽雅肃穆,如履仙境"。在舞蹈学院教室,叶浅予目睹并领略到印度舞的美妙,开始对当地舞蹈产生浓厚兴趣,随后创作了大量以舞者和印度风光为主题的作品。他的绘画风格也由此从漫画式的辛辣讽刺转向中国画的写实逼真。40年后,叶浅予在《印度风情》前记里如是评价东西方的艺术文化:"我认为,西方艺术家觉得自己已走到尽头,要另找出路,眼睛于是转向东方;而东方人在西方文化的冲击下,对自己的文化失去了信心,于是转向西方。久而久之,大家恢复了自信,就不至于继续反常了。"

坐落在喜马拉雅山下的大吉岭以盛产红茶而闻名于世,叶浅予、庄学本都在此留下过足迹,并创作作品。"这儿的居民抬头就能看到那白皑皑的雪峰,这块仙境般的宝地,注定要成为世界游客的乐园。"叶浅予笔下的这座雪峰名为喀钦姜伽(Kanchenjunga,今多译为干城章嘉峰),位于尼泊尔与印度交界处,是世界第三高峰,藏语和锡金语均直译为"五座巨大的白雪宝藏"。而庄学本的这幅摄影作品,限于相机画幅,只撷取了最精华的喀钦姜伽峰卧佛相。

虽然叶浅予并未在加尔各答地区旅行回忆中提及向导朋友的名字,但是从同一时期庄学本留存的多幅内容一致的摄影作品来看,再结合当时庄学本担任康藏贸易公司印度(驻加尔各答)分公司经理的身份,笔者倾向于叶浅予在印时期的向导就是庄学本,两人一同游览了寂乡、大吉岭。庄学本高超的艺术眼光对叶浅予的印度游历有所帮助,也因此才会有两年后的再次同行。

庄学本两次为叶浅予作向导,协助后者顺利开始印度舞蹈、少数民族舞蹈绘画作品的创作,他本人也留下了珍贵的印度影像。与此同时,叶浅予在印度兰姆伽绘制了不少宣传抗战内容的漫画,而庄学本所效力的康藏贸易公司、康藏驮运公司,在滇缅公路被切断之际,自印度采购国内稀缺的西药、机

叶浅予晚年印度舞作品

器设备,经拉萨—昌都—甘孜—康定运送到四川大后方,"康藏驮运公司负责承运康印间物资,年约 1000 吨"①,叶浅予也记得"学本就是驻在印度主持这个大工程的其中一人"。这些旧日往事近乎湮没在历史的尘埃之中,幸而可以通过对其作品的研读考证,得以重现庄学本与叶浅予当年的友谊,以及他们在国家危亡之际,为中国的抗战事业付出的不懈努力。

---

① 行政院致外交部训令,1944 年 7 月。转引自冯翔:《少数民族商号的抗日救亡与筹推藏事——以康藏贸易公司为例》。

小说林社的书和封面画

柯卫东

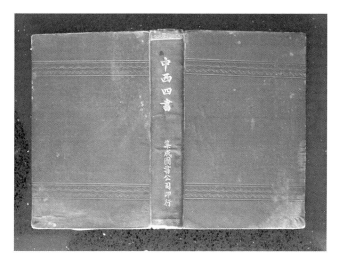

《中西四书》,1904年集成图书公司印行,精装本

以前买过一册硬皮洋装光绪三十年(1904)版《中西四书》,点石斋集成图书公司印行。这是由英国传教士理雅各(James Legge,1815—1897)译成英文的四书,据说是一册权威的译本,于1898年在香港出版,序言中说这一版经过修订并有几处改动,可知还有更早的版本。看资料理雅各死于1897年,但序却是写在1898年7月,或者是记载有误吧。点石斋的印本是影印香港版,汉英对照,每页上半印英文,下半印汉文,没有注释。装订是中西式混订,中国纸折装,外加西式书壳。这种清末出现的装订样式,取中西书籍的长处,既有中国纸轻软的优点,又有西书那样插架的方便。因为这样的书不多,所以会觉得很有意思。书是粉连纸印的,汉字应该是由洋人手工铸造的,十分朴拙可爱。所据的汉文版本,书中说明是"校正监韵分章分节四书正文,遵依国子监铜板订本",所谓的分章分节分得很好,比有注释的似乎更容易读。若不管英文部分,它可以当作一册校雠精善的四书白文本,翻看便利,感觉还是相当不错的。

买这本书的另外的缘故,是因为这是一册明确由中国书局在清末出版的洋装书,书脊有用汉字印刷的"集成图书公司印行"字样。集成图书公司于1901年由《申报》的经理席子佩在上海成立,所以这算是早期在国内印刷的洋装书。我还有一册洋装的《汉英韵府》,为美国传教士卫三畏(Samuel Wells Williams,1812—1884)编的汉英字典,书名页印"同治甲戌年镌，沪邑美华书院铜板梓行"。同治甲戌是1874年；美华书院由美国传教士创办（最初开设在澳门），1860年迁至上海东门外。但这本书也不算很早，民国时知堂老人写过一篇《明译〈伊索寓言〉》，载在《语丝》的《茶话》里，其中谈起他早年见到的中文洋装书，年代则更早。文中写道："后来在东京上野图书馆见到一八四〇年在广东出版的《意拾蒙引》，才知道还有更早的文学书译本。这《意拾蒙引》就是'伊索寓言'四个字的别译，当时看过作有一个简要的解题，可惜这本笔记于移家时失落，现在只记得这是一本英汉对照的洋装书，至于左边的一面究竟还是英文或罗马字拼的汉音，也已经记不清了。"见于文字记载的中文洋装书，我没有看见过比这本更早的了。关于中国最早的洋装书怎样界定有各种说法，我以为可以参考杂志的方法，现在公认最早的中文报刊是《察世俗每月统记传》，并不因为发行地是马六甲，创办者是英国人米怜就不算是中国报刊了。

除了硬面洋装书，在纸面平装的洋装书封面上印图画，也是中国书籍装帧上的一个变革。这种变革不知是由哪个书局最先开始的。但我认为清末的小说林社应该是起步较早和影响最大的，可以说它是这种风气的开创者。据朱联保编《近现代上海出版业印象记》，小说林社由曾朴、徐念慈于1904年创办于上海棋盘街中市，早期专门出版文艺书，出版最多的是翻译小说，前后出版外国翻译小说近百种。因为是印这种性质的书，那么以图画来吸引普通读者，在中国是古已有之，可能这就是他们在小说书的封面上印图画的动机。虽然还不能说小说林社是印封面画的始作俑者，但说它印得最多，花样也最繁却是毫无问题。有资料说小说林社出版的第一本书是《福尔摩斯再生案》（周桂笙译，1904年2月出版，樽本照雄《清末民初小说目录》）。这本书我只见过丙午年（1906）第五版，封面画是一个手举长枪的人从窗口探出身子。我自己藏有《再生案》的第九、十案一册（1905年5月初版。福尔摩斯系列共出十三案），封面是两个人在楼下谈话。这两张封面画都很像当时报纸连载小说的插图。小说林社出版的翻译小说基本是一种一张封面画，这在当时的出版界可以说是开风气之先。在此之前或同时印洋装书的新式出版社，如著名的作新社、广智书局、文明书局等，以出版政治、教育、哲学等综合性图书为主，封面都是照抄线装书的封面样式，只印文字，间或出版的文学小说翻译之类也是同样。1904年，商务印书馆也出版了专收翻译文学的"说部丛书"，这套丛书的封面用花卉、纹饰和文字装饰,虽然也是较新的设计,但直至民国初印行百余种,封面统一都是这一张。

小说林社的图书封面画大致可以分成如下几类:文字类的,横排或与外文美术字混排;用相同花卉图案的丛书(如"聂格卡脱探案系列");含古意的花鸟树木图案;与内容相关联的人物风景图画和故事情节插图式的封面画,尤其以后两种最有创意,为同时期其他书局所未见。封面画以外,小说林社书籍装帧也很有"海派艺术"的特征。所谓海派艺术者,我以为大概包含精致、通俗(不是流俗)和商业化这三个要素。小说林社出版的翻译小说书统一是三十二开本,彩色封面,印书纸用道林纸,书名页以有光彩纸印,书后则以彩纸印广告,如果内容多的话则分二册或三册分别出版,没有很厚的书。直至民国时,上海鸳鸯蝴蝶派和旧派的文学出版物还大致保留着这种风格。

《小公子》1905 年初版本,彩色石印封面　　《鸦片案》1908 年初版本,中西文字横排封面

小说林社出版的最有名的书,是曾孟朴(1871—1935)所著的《孽海花》,乙巳年(1905)正月出版,日本东京翔鸾社印刷。魏绍昌编的《孽海花资料》中有初版本书影,封面为亚兰女史题"历史小说孽海花",是只写文字没有图案的旧式封面;或者作者以为这并不是翻译小说,而是正经作品,所以选择印成传统的形式。我以前买到过这个初版

本，为上下两册二十回。后来见现代文学馆编《唐弢藏书图书总录》中的《孽海花》初版本书影，却是有图画的彩色封面，怀疑是著录有误，把再版本误录为初版本，直到我也买到一册彩色图画封面的初版本下册。我买的这一册的封面画，与唐弢的藏本又不相同，所以《孽海花》大概有三种不同封面的初版本。这个发现好像没见有人说起过，虽然也不怎么重要。

《孽海花》初版本书影第一种（上下册）　《孽海花》初版本书影第二种（仅存下册）　《孽海花》初版本书影第三种（唐弢先生藏本，取自《唐弢藏书图书总录》）

除了两种初版本，我还藏有丙午年（1906）七月第三版和宣统三年（1911）正月第六版，这两册的封面画也不相同。至此，我见过的小说林社版《孽海花》，共有五种封面。虽然画面各异，但主题却一样，都是以海、岛屿和花为素材，这是取自小说第一回虚构的所谓"孽海"和"奴乐岛"。这几张封面画十分精致，可以算是小说林社所版图书封面中具有代表性的作品。

以前见阿英的《晚清小说史》说《孽海花》是光绪乙巳（1905）出首五卷十回，丙午（1906）出次五卷十回，以为是错误的。因为曾朴的日记里说，他写这二十回只用了三个月时间，可知是连续写完的，好像没什么道理隔一年出一本。对照初版本，上下两册的版权页出版日期也相同。但后来看见《〈福尔摩斯再生〉第九、十案》书后广告，有小说林社已出版各书书目，其中只有《孽海花》第一册，没有第二册，因此证明阿英所说应该是正确的。两册没有同时出版的缘故也有说明,书目中曰:"此书以我国唯一名妓赛金花为主人翁,而全书包含近数十年新旧社会历史,奇绝、快绝!全书六十回,先印十回以供快睹。"原来那时作者还是计划写六十回,准备每册十回陆续出版,先出一册,隔段时间再出第二册,以吊读者的胃口,只不过后来没能继续写,直到小说林社歇业也没出第三册。这里得到的教训是不宜轻率否定前人,否则可能被证明是自己谬误。

这种一部书分册陆续出版的做法,大概也是由小说林社最先开始的,它的《福尔摩

《孽海花》1906年第三版书影

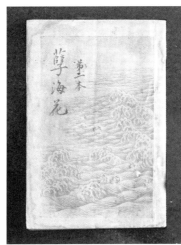
《孽海花》1911年第六版书影

《〈福尔摩斯再生〉第九、十案》1905年初版本,彩色石印封面

斯再生案》和《聂格卡脱探案》都是分很多册出版,其他两册一部、三册一部的书也大多如此。影响所及,后来如广智书局《二十年目睹之怪现状》分八册出版(1906—1910),点石斋的《九尾龟》分十二册出版(1906—1910),尤其是民国以来的长篇武侠小说,有分为几十册出版的。这种出书方略,直至20世纪五六十年代,香港、台湾的武侠小说仍然在使用。对于有旧书癖的人来说,收集这种全套的初版本极为不易,也就觉得很有趣味。外国出版界也有这种分册出版的书,美国20世纪藏书家爱德华·纽顿,在他写的《藏书之乐》中所十分垂涎的初版《匹克威克外传》,也是一部分册版(二十回分十九册出版);后来在1928年,他还用这个分册版的封面出了一本专门讲这套书的书——《匹克威克俱乐部》,可见这种分册出版物的魔力。

上海图书馆编《中国近代现代丛书目录》(商务印书馆(香港)1980年初版)所收小说林社出版的小说共计八十三种。目录中未收,而我在原版小说书后"已出书目"中查到的,尚有十五种,现附列于后以备参考:《离恨天》《大复仇》《法国女英雄弹词》《玉虫缘》《冷眼观》《飞行记》《情海魔》《新恋情》《少年侦探》《弃儿奇冤》《镜中人》《狸奴角》《过渡镜》《文明贼》《侠奴血》。另有列入"付印"和"付印预告"但不能确定是否出版的有十二种:《女装侦探》《男装侦探》《侠情记》《妾之罪》《千钧一发》《地中秘密》《新军舰》《梅花郎》《破乾坤》《禽兽世界》《空中之刀》《三妒花》。

小说林社约在民国元年歇业,其间出版翻译小说书近百种,与商务印书馆至清末出的"说部丛书"基本相等("说部丛书"民国前共出十集,每集十种)。

徐霞村的海派诗

郭文锦 杨新宇

给——

你有
面包壳色的皮肤和狮鬃一样的美发；
在海水里
你的身子使那些苗条的鳗鱼无颜而逃。

正如妖妇的黑痣在你的脸上一样，
矜持和 Hysteria 在你的灵魂里是不存在的；
你的健康的笑声使人想到
Tango 中的 Castagnettes。

几何学是你最爱读的小说，
网球场是你的跳舞厅；
你从来不把你的照片登在画报上，
为了空酒瓶一样的虚荣向那些贪饕的眼睛献祭。

当我们拥抱时，你也从来不愚蠢地说：
——把你的心给我吧，我爱！
因为你是读过生理学的，
你知道一个人的心是不能当作花朵送人的。

《青年界》1931 年 3 月 30 日第 1 卷第 1 期

徐霞村译《鲁滨孙漂流记》书影

这首诗的作者是徐霞村（1907—1986），知道这个名字的读者，往往是读过他翻译的《鲁滨孙漂流记》。的确，它的主要身份是翻译家，此外他还于 1929 年在水沫书店出版过一本短篇小说集《古国的人们》。《古国的人们》1988 年作为上海书店影印的"现代都市小说专辑"之一种重版，1999 年又被选入黑龙江人民出版社与北方文艺出版社共同出版的"海派作家作品精选"丛书，因此，徐霞村也以海派小说家的身份存在于某些现代文学研究者的文学史叙述中。但其实《古国的人们》并不怎么海派，徐霞村虽出生在上海吴淞，但他早年长期生活在保定、天津、北京等地，他在小说题记中也说"各篇所描写的多半是老中国的社会里产出来的人物"。也许是因为他 1928 年到上海后与海派文人关系密切，而他的小说集又在水沫书店出版，有些文学史家就想当然地把他归在海派作家里。当然，上海的文化气氛确实对他产生了影响，他较晚的一篇小说，1929 年创作的 Modern Girl，就被选入了 1985 年出版的《新感觉派小说选》，但仅仅凭这一篇 Modern Girl，就把他归在海派作家里，未免仍有些勉强。徐霞村的确有相当海派风格的创作，那就是他鲜有人注意的诗歌创作，虽然数量不多，却体现了更为鲜明的海派特点。

但徐霞村毕竟不是多产作家，无论是从小说还是诗歌的创作来看，他在文学史上都处于一个边缘的位置。徐霞村的女儿徐小玉曾为他写过一本《霜叶红于二月花——徐霞村纪传》，其中提及徐霞村曾对她说过自己"没有写小说的才分"[1]，不过好歹没有否认自己写过小说，而对于诗歌，徐霞村则说得更加决绝。徐小玉的《女儿眼中的徐霞村》一文中有一句看起来非常突兀的话："父亲一次和我随便谈起，说他未曾写过诗。"[2]这句话很奇怪，因为徐霞村的诗作虽然不多，却不至于"未曾写过"。早在 1926 年 12 月 15 日，他就有一首诗《雪》被《盛京时报》转载过（初刊何处尚未查到），1927 年 4 月 3 日又在《文学周报》上发表过一首《天鹅的哀歌》；到了 30 年代，除了《给——》，他还在《现代文学》上发表过 Black Cat 和《北四川路之夜》，在《现代诗风》上发表过《诗三首》，且其中的《给一个女报告员》还曾被《好文章》1937 年第 9 期转载。可见，在徐霞村本人的身份认同中，诗人这一身份也被他自我边缘化了。若干年后，他的本就不多的诗在读者视

---

[1] 徐小玉：《霜叶红于二月花——徐霞村纪传》，山西人民出版社 1999 年版，第 79 页。
[2] 徐小玉：《女儿眼中的徐霞村》，《新文学史料》1994 年第 4 期。

野中完全消失,自然也在情理之中。

他明明写过诗却自言"未曾写过诗",想必有自己的理由。我们不妨参考一下他自己的说法:"一九三〇年底,戴望舒和几位朋友在上海办了个《诗刊》,一定要我为《诗刊》写两首诗,我一时兴起,便尝试性地作了两首所谓'都会主义'的诗歌寄去。诗发表之后,朱湘看了,于三一年二月写信给我,谈了他对这两首诗的意见,他说我写的是散文而不是诗,同时寄给我法国诗人罗曼(Jules Romains)的一首'都会主义'的诗的英译。我看了他的信和寄来的诗之后,深感自己不是写诗的材料,从此便打消了作诗的妄想。"③显然徐霞村的记忆有误,戴望舒并未编过叫《诗刊》的刊物,这两首"都会主义"风格的诗,应该就是《现代文学》1930 年第 1 卷第 6 期上的 *Black Cat* 和《北四川路之夜》。因为徐霞村所说信的内容与朱湘写给赵景深的信的内容是一样的,《现代文学》是北新书局的刊物,由赵景深所编,所以朱湘才会在给赵景深的信里谈徐霞村的诗。朱湘给赵景深的信,后来收在《朱湘书信集》里,其中说道:

霞村兄的两首诗我以为只是散文。诗与散文的区别究竟何在,无人能够解答。Shellely 称 Bacon 为诗人,这颇值得深思。Moulton 划分想象的文章为诗,纪事的文章为散文,可算得无可奈何中一个较为开明的解决。

"都会主义"是现代文化的一种必然的结果,事实当前,无从否认。请为兄与霞村兄诵一首"都会主义"的诗:

Another Spirit Advances

What is it so transforms the boulevard?
The lure of the Passers-by is not of the flesh;
There are no movements; there are flowing rythms,
And I hove no need of eyes to see them there.
The air I breathe is fresh with spirit-savour.
Men are ideas that a mind sends forth.

---

③ 徐霞村:《我所认识的朱湘》,《新文学史料》1986 年第 1 期。

From them to me all flows, yet is internal;
Cheek to cheek we lie across the distance.
Space in communion binds us in one thought.
　　——Jules Romains(Eng. trans. by J. T. Shipley)

这首诗作为"战诗"看,已经脱除窠臼;作为"综合诗"(Synthetic Poetry)看,更觉高妙。我以为按照第二种眼光来看,这首诗可以算得"都会主义"的启示。④

后来赵景深将这首《另一个精灵前进》译为:"是谁改变了这条大街?/过客的诱惑力不是肉体;/这儿没有运动,这儿有流动的韵律,/我不需要用眼睛去看他们。/我呼吸的空气带着精灵的香味,/人们的意念把心送向前,/从他们到我全都流动着,然而是内面的;/我们正在亲热地穿过远方,/空间结合我们成为一个思想。"附带说一句,其中的"战诗"的"战"字,当为信稿识读错误,究竟是否应为"单"字,也很难确定。

从这封信可以看出,朱湘一方面肯定都会主义是现代文化的必然结果,那么都会诗的写作,也就是时代必然,徐霞村关于都会诗的尝试自然是值得肯定的;但另一方面,朱湘又认为徐霞村所作,尚未达到诗的高度。

请看徐霞村的 Black Cat:空气是 CO_2,巴黎香水,Chesterfield,和汗气的 Cocktail。Blues 的次数比 Fox-trot 多两倍。/吹着 Saxophone 的斐律滨乐师的嘴遥对着买办们的肚子。/在万国的腿之森林里,中国绅士的长袍幽然地摆着。/假如你想看到一个上海姑娘的黑眼珠——"Boy! 来一瓶香槟!"

另一首《北四川路之夜》:二百只喇叭从"大廉价"的布旗的云里把"毛毛雨"吹到行人的头上。/在奥迪安和上海大戏院的门口,克莱拉宝向着每一个带着八角小洋的青年人作着眼风。/四个亚美利加的海上英雄在飞奔的黄包车上作着罗马人的赛车,徘徊在街口的广东咸水妹从 Capstain 的烟缕后

---

④　罗念生编:《朱湘书信集》,天津人生与文学社 1936 年版,第 90 页。

《巴黎游记》书影(光华书局 1931 年版)

面露出她们的金牙。/当一个樱岛的美人从 Golden Star 或 Night Club 走出来时,一股粗劣的 Jazz 音乐随着她们身上的香气被带了出来。/"Come in, my little sweetheart!"——在黑暗的小衖里,五十岁的俄罗斯老妇打算把她们自己当十八岁的少女出租。

两相比较,差距确实十分明显。虽然徐霞村已尽力描画出了都市的风景线:Black Cat 是 1928 年开设在西藏路巴黎饭店的舞厅,也是上海第一家独立经营的舞厅(此前的舞厅都附属于饭店、电影院、百货公司等,顾客在吃饭、观影、购物之余顺便跳舞),生意十分兴隆;徐霞村勾勒出了这个华洋杂处的舞厅的盛况:空气的污浊、舞客的嚣闹和颓荡的气氛。而《北四川路之夜》,则展现了都市之夜的街头风景。两首诗都恰似蒙太奇的罗列,海派也颇海派,光怪陆离的都市风光如在目前,但仅停留在表面的描述,未能深入到都市的内心,没能像罗曼一样写出都市的"空气"。可以说,朱湘的批评相当客观,并不刻薄,但说一个诗人的诗作只是散文,恐怕是对诗人最沉重的打击。

从这段往事,我们猜想徐霞村说"自己未曾写诗"大概出于一种相对不自信的心态,虽有自谦之意,但从现实情况来看,大概确实深受朱湘"打击"。人们往往面对崇敬的事物时才会觉得自己渺小,徐霞村的"不自信"或许正是他崇尚诗歌的一种证明。据徐小玉说,徐霞村"有朱湘、戴望舒这样的诗人密友,相交岂能不谈及诗"⑤?众多诗人朋友确实对徐霞村产生了很大影响,他曾说"朱湘成了我从事文学工作的第一个指路人和启蒙老师"⑥,他认为朱湘在中国古代诗歌和英国近代诗歌上的造诣之深,已与自己当时所认识的几位大学教师不相上下,并且十分肯定朱湘对中国新诗发展道路的执着探索。他自己也对女儿说过年轻时"研究过新诗"⑦,他曾以"保尔"这个笔名为姚蓬子和戴望舒写过诗评,徐小玉认为他是"第一个评论戴望舒诗歌的人"⑧。他还曾撰写过一篇《一个神秘的诗人的百年祭》,称勃莱克的诗"充满了神秘的想象",称赞勃莱克"是一个天真的小孩,纯洁的圣者,完全的诗人"⑨。他既然将勃莱克称作"完全的诗人",心中必然

---

⑤ 徐小玉:《女儿眼中的徐霞村》,《新文学史料》1994 年第 4 期。
⑥ 徐霞村:《我所认识的朱湘》,《新文学史料》1986 年第 1 期。
⑦ 徐小玉:《女儿眼中的徐霞村》,《新文学史料》1994 年第 4 期。
⑧ 徐小玉:《女儿眼中的徐霞村》,《新文学史料》1994 年第 4 期。
⑨ 徐霞村:《一个神秘的诗人的百年祭》,《小说月报》1927 年第 18 卷第 8 期。

有对理想诗歌的评价准则。从这些方面,我们不难看出徐霞村对新诗具有的独到见解和亲身关切。或许正因对诗的关切,才使他失去了作诗的"野心"。

不过,徐霞村并没有完全放弃诗歌,没多久,1931年3月30日,他就在《青年界》创刊号上发表了《给——》。《青年界》是北新书局在《现代文学》和《北新》停刊后新出的杂志,赵景深仍是主要编辑。《给——》恰恰像是给朱湘的一个回答,称得上是都会主义的佳作。

尽管徐霞村已于1930年夏返回北平,但1931年的这首《给——》,却仍有着鲜明的海派风格。在《给——》中,作者多次运用了奇喻的手法,给人一种怪奇之美。在诗歌首句,他将女子的肤色形容为"面包壳色",将她的美发形容为"狮鬃",一下就勾勒出了眼前女子自由热烈、阳光奔放的爽朗形象。而她的身材又好,且擅长游泳,"使那些苗条的鳗鱼无颜而逃"。这位女子显然不同于小家碧玉,也不是传统的大家闺秀,而是彰显出独特的时代审美观。然而,当时海派诗人大量用食物、动物来比喻女性,颇有物化女性的嫌疑,徐霞村似乎也染上了海派诗人的习气。几年后,严翔发表了一首《美人鱼》,是描摹有"美人鱼"之称的游泳运动员杨秀琼的,其中有这样的诗句:"银鱼的轻盈,蛇的迅疾,/不足比拟于万一。//望着那丰腴的透明的胴体,/更希望真是鱼了。//因为鱼翅的美味,/是不易使人忘却的哪!"⑩轻盈的银鱼和迅疾的蛇,与徐霞村笔下"苗条的鳗鱼",如出一辙。严翔的《美人鱼》专写杨秀琼,标题虽美,用词却轻佻。那么,徐霞村此诗是否也是轻薄之作呢?"给——"究竟是虚指还是实指呢?

根据诗歌的创作时间和徐霞村的生平进行推断,这首诗的赠予对象很可能就是他后来的妻子吴忠华。徐小玉曾说:"父亲与母亲相识是在1931年,当时父亲住在北京欧美同学会宿舍。我母亲叫吴忠华,她出身于名门,受过高等教育,人也长得漂亮,当时是位很引人注目的小姐。"⑪吴忠华毕业于北平大学女子文理学院(即北平女师大),先是自己办小学,后是当儿童救济院的院长,人又长得秀丽、端庄,气质不凡,徐霞村在舞会中对她"一见倾心"。二人的相识时间为1931年,相识地点为舞会,这可以对应到诗歌的创作时间和整体的舞会背景;吴忠华才貌双全、气质不凡的形象,也与诗中女子相互

---

⑩ 严翔:《美人鱼》,《小晨报》1935年10月19日。
⑪ 徐小玉:《女儿眼中的徐霞村》,《新文学史料》1994年第4期。

吻合。吴忠华是辛亥烈士吴禄贞的女儿，毕业于体育专科，结合这一背景，狮鬃、鳗鱼之类的合理性就显现出来。狮鬃、鳗鱼不仅形容她的美发、身材，更衬托出她健康的体魄和不凡的运动能力。而第三段有一句"网球场是你的跳舞厅"，也体现了她的体育背景。

在完成对女子健康的身体的赞美之后，徐霞村继而赞美起了她健康的灵魂："正如妖妇的黑痣在你的脸上一样，/矜持和 Hysteria 在你的灵魂里是不存在的；/你的健康的笑声使人想到/Tango 中的 Castagnettes。""Hysteria"（歇斯底里）的癫狂状态，与"矜持"是两种极端，都是不健康的，诗人用"Tango 中的 Castagnettes"来形容女子"健康的笑容"，赋予其笑声打击乐般的明快节奏，毫不做作，令人心生好感，表现出女子舒适的情感状态和乐观的性格特征。这里，诗人使用了三处英文、法文单词，当然这与当时中西文化碰撞的多元时代特征有关，当时不少诗人创作时都会使用一些外文词汇，但不可否认的是徐霞村此处的运用恰到好处。每种语言都有自己独特的美感和含义表达，如果换用中文，这三个词只能音译，可能会损失部分韵味。这里唯独"妖妇的黑痣"较难理解，猜测跟当时好莱坞电影的影响有关，当时好莱坞女明星中流行贴假痣的时尚，如黛德丽等。

随后，当徐霞村表现自己对女子热烈的赞美与欣赏时，他也并未落入俗套，他先是肯定女子不俗的爱好，继而又夸赞女子从不把照片登在画报上，具有不爱慕虚荣的美好品质。"网球场是你的跳舞厅"尚属正常的表达，但"几何学是你最爱读的小说"显得非常突兀，第四段又有一句提到"你是读过生理学的"，吴忠华毕业于北平女师大，是当时少见的女大学生，学习过"几何学"和"生理学"当然合情合理。但学科名词或科学概念一向被认为是无诗意的，很难被写入诗中，难道徐霞村真的是因为没有作诗的才能，才大胆莽撞地把"几何学""生理学"写入诗中吗？如果真的在诗中学习几何，那绝对是诗歌的灾难。而这里，"几何学"是与"最爱读的小说"相连的，以往爱情诗中提到的小说更多倾向于浪漫故事，此处却将冷冰冰的学科转化为探求知识的美德，巧妙地勾勒出眼前女子品味的独特与形象的非凡，带给读者新奇的阅读体验，达到很好的陌生化效果。诗人的眼光敏锐独到，他们用陌生化的方法重新挖掘我们生活中冷冰冰的东西并进行艺术再造，从而创造出新的诗幻世界。

"为了空酒瓶一样的虚荣向那些贪婪的眼睛献祭"这一句，可参考施蛰存的诗。施蛰存1932年发表的《卫生》中有如此表述："以陨星的眼波投射过来的/那个多血质的少妇/是只有两支完全的藕/和一个盛在盘里的林檎。//已经是丰富的 Dessert 了/对于我知足的眼的嘴。/如果华尔纱的夜透了曙光/我是要患急性胃加答儿的。"这首诗呈现了一种既大胆,又幽微复杂的性心理。他不但妄想看到少妇华尔纱下的身体,而且运用了奇怪的通感,将女性的身体比作食物。前引严翔的诗句也是如此,"望着那丰腴的透明的胴体,/更希望真是鱼了",他明明是在望着杨秀琼,但"希望真是鱼",为什么呢?"因为鱼翅的美味"。他们都将"秀色可餐"这个成语,进一步欲望化了。而这样的修辞,徐霞村用得更早,他将"虚荣"形容为"空酒瓶",是一个绝妙的比喻,这个酒瓶是被眼睛喝光的。20 世纪 30 年代时,画报成为相当流行的读物,上面登载了许多时髦的都市女性的美照。因为这种虚荣,女性也就在男性欲望的眼光下成为被看的客体,所谓"向那些贪饕的眼睛献祭"。男子往往嗜酒,在男性目光的剥削下被剥夺殆尽的女性,正像被喝光了酒的空酒瓶。同时,空酒瓶也是那些虚荣却无内涵的女子的写照。而"贪饕"更为绝妙,生动地刻画出了男子们垂涎欲滴的丑态,暗含了讽刺之意,因此,徐霞村的写法虽与施蛰存、严翔相一致,但目的却是赞赏女子不愿被人观赏,彰显出自身的人格,此诗的格调也就比施蛰存、严翔的诗高出许多。有意思的是,1933 年《图画时报》第 915 号刊登了吴忠华和妹妹的照片,且注明了吴忠华为徐霞村的夫人。

诗的前三段,已向读者展现出女子的形象:健康、明媚。第四段进展到爱情,虽未直抒胸臆,却传达出独特韵味。此诗的诗风尽管呈现出 30 年代海派诗人无所顾忌的风格,但"我"对于这位女子的欣赏仍是平等的,不难让人感受到爱情的美好。尤其是最后一句,"一个人的心是不能当做花朵送人的"给予人无限启发。无论在何等的亲密关系中,都有必要保持自身的独立性,不能失去自我的本心。而两个人的恋爱地位也应是平等且互相尊重欣赏的,没必要迎合别人,更不能为了爱情放弃自我,否则都无法获得长久幸福。这首诗虽作于 1931 年,却仿佛跨时代的爱情箴言,它表达的爱情观在今天仍然适用。她的独立和清醒,让人想到《致橡树》中的"那株木棉",而非"攀缘的凌霄花",彰显出了诗人的境界。不过在《霜叶红于二月花——徐霞村纪传》中,徐小玉将父母相识的时间具体到了 1931 年夏天[12]。如果这个时间准确的话,那么《给——》写的就不是

---

[12] 徐小玉:《霜叶红于二月花——徐霞村纪传》,山西人民出版社 1999 年版,第 99 页。

吴忠华了。徐小玉还曾提及"他在上海时,曾追过一位姓卢的女中学生,不过女方不久就另攀高枝了"[13]。但是徐小玉的记载还是有矛盾,因为她在《新文学史料》上的文章说父母亲是"认识一年多后结的婚"[14],而结婚日期是 1932 年 5 月 9 日,这样的话,从 1931 年夏天算起,连一年的时间都不到。如果确实是"认识一年多后结的婚",那么 1931 年 3 月,徐霞村与吴忠华很可能已经相识了。不过,即使诗中所写不是吴忠华,也并不影响这首诗的艺术价值。

读者能够见到的徐霞村最后的诗是《现代诗风》创刊号上的《诗三首》,这三首诗的发表跟戴望舒有关。戴望舒在 1935 年准备创刊《现代诗风》,遂向在北平的徐霞村约稿。孔另境编的《现代作家书简》中保存了徐霞村 1935 年给戴望舒的两封信,前一封信中他说:"对于《现代诗风》,我是爱莫能助,因为我创作既不会,译诗译出来又不像话,恐怕要塌你的台。"[15]但后一封信则说:"上星期寄上歪诗一首,不知收到没有?昨天到西山小息,无聊之中,又诌了两首,特寄上,请斧正。假如我的诗能因老兄的润饰而有资格见人,我就算实现了一桩抱憾终身的大野心。千万请不要客气,无法救药的诗就不要勉强登出。日前寄的那首如合用,亦请改用'保尔'署名。"[16]《现代诗风》创刊于当年 10 月 10 日,其上徐霞村的《诗三首》,应该就是徐霞村信中所说的三首,不过戴望舒并没给他署"保尔"之名。这三首诗是《给一个女报告员》《西山之夜》和《怀梦都子——答望舒》,《西山之夜》也正好和徐霞村信中所说"到西山小息"相印证。徐霞村的两位

《现代诗风》创刊号书影

诗人密友,朱湘对他的诗创作宣判了死刑,戴望舒却又让他回光返照了一次。

这三首诗中,《西山之夜》写"遥远的驴铃",已像京派诗人手笔,但《给一个女报告

---

[13] 徐小玉:《霜叶红于二月花——徐霞村纪传》,山西人民出版社 1999 年版,第 79 页。
[14] 徐小玉:《女儿眼中的徐霞村》,《新文学史料》1994 年第 4 期。
[15] 孔另境编:《现代作家书简》,生活书店 1936 年版,第 155 页。
[16] 孔另境编:《现代作家书简》,生活书店 1936 年版,第 155 页。

员》和《怀梦都子——答望舒》,却仍是强烈的海派风格,这两首的价值也更高。《给一个女报告员》中,作者甚至像情人一样,迷恋于女播音员迷人的声浪。我们不清楚徐霞村所听的是哪里的电台,诗中似乎有失误,"不肯少听你一段气象报告",按理应该是北平的节目,但作者又说"你的迷人的声浪从三千里外飞来",不管是不是北平的电台,这首诗的题材更像海派诗人的选择。海派诗人更迷恋于这种现代化的体验,而将这种体验涂上情欲色彩,更是海派诗人的作风。《怀梦都子——答望舒》是对戴望舒《梦都子——致霞村》一诗的回答,戴望舒写过三首关于日本舞女的诗,另两首是《百合子》《八重子》,三首诗都很浮靡,但《梦都子——致霞村》更甚,《百合子》和《八重子》好歹还写到了漂泊异国的舞女的忧郁,而梦都子完全被塑造为一个"有蜜饯的乳房"的"冶荡的少女"。徐霞村晚年曾谈到戴望舒这首诗的背景:

  当时我和戴望舒都爱跳交际舞,又都没有舞伴。当时,我们很少到只有中国舞女的舞场跳舞:第一,那种舞场离得远,我们当时都住在北四川路,那种舞场北四川路只有一个,别的在南京路那边,离我们住处很远;第二,中国舞女舞技好一点儿的,架子很大,跟她们跳,舞票还得多给一点,好像另给小费似的,她们才高兴。……要是找初出茅庐的中国舞女跳,她态度倒是比较好,因为她想借这个机会来练舞,但是她们带起来很重,我们戏称为"拖火车",跳得很不愉快。

  我们喜欢在北四川路一带的舞场找日本舞女跳。这些舞场的老板多半也是中国人,他们请日本舞女也不用另花钱的,舞票分成嘛。日本舞女态度好,舞技也好。梦都子就是我们常去的一家舞场的一个日本舞女,她有个特点:英文说得不错。我们都不懂日语,可以和她用英语交谈。梦都子很活泼,我跟她跳舞,后来介绍望舒也和她跳。另一个叫百合子,戴望舒很欣赏她,常和她跳舞,她人长得更为秀丽端庄一些,但不会说英语。活泼的梦都子,伴舞时还喜欢搞些"小动作"。我们当时去跳舞时,经常要穿晚礼服——不是燕尾服,就好像如今男声独唱的演员所穿的那种礼服,领子是缎子的。里边穿一种比较硬的白衬衫,打着黑丝绒的蝴蝶结。梦都子有一次在我的白衬衫上用铅笔画了一个心,又画了一根斜穿而过的箭,是一种爱情的标志;还有一次,也不知怎么的,她把口红弄到了我的衬衫上。一次,她和戴望舒跳舞后,用软纸搓了个纸捻,做成个戒指让他戴上,好像个订婚戒指似的。梦都子就是好玩这些年轻人的花样。⑰

徐霞村在 Black Cat 中,说蓝调舞曲比狐步舞多两倍,在《给——》中,将女子的笑声比作探戈舞曲中的响拍,已暴露出他对跳舞的热爱。1935 年 1 月 14 日的《社会日报》上有一篇《鲁迅上徐霞村的当》,其中说:"在作家之群中徐霞村要算是有名的风流种子,他跳舞的资格实在可推为舞国的最老前辈。当上海的舞风没有盛行的好多年以前,那时他正和水沫书店戴望舒一般人混得很好,而他与戴望舒两人都是嗜舞如命,每天他们一对搭档老是出现于舞场,回家时瘾犹未足,有时便抱起一只凳子,聊当女人,跳个不休。"⑱尽管小报文章不可尽信,但他爱好跳舞却是无疑。而将戴望舒与徐霞村扯在一起,很可能因为戴望舒的《望舒草》出版之后,这位作者读到《梦都子——致霞村》,才突发奇想写这么一篇花边新闻。其实不独戴望舒、徐霞村,当时海上文人多好此道。戴望舒的诗,有很强的戏谑色彩,用游戏笔墨将"年轻人的花样"罗列在诗中,"你的衬衣上已有了贯矢的心,/而我的指上又有了纸捻的约指",似乎梦都子真的在向两人示爱,而如果不能接受她的爱,就是受了"心愿的忤逆"。徐霞村则严肃得多,他说,"我怀念她,/正和人们怀念一位已故的名优。/只有俗汉才会忽略了/她那惊人的才艺而作/其他的非非之想",否定了这种年轻人的爱情游戏。并且,离开上海已多年的他,还在想象着仍在舞场流连的戴望舒,"现在,你是从女人底都会和/Tango 之国里倦游回来了",那么你还会不会遇到像梦都子一样的少女呢?"你可曾遇见过一个少女,/在跟你舞着的时候,/一会儿向你哈一个痒,/一会儿给你说一个故事,/一会儿把情话写在你的硬衬衫上,/一会儿把纸作的结婚指环给你戴在手上,/用千百种不同的小撒娇,/叫你从黄昏舞到破晓,/还恨冬天的太阳出得太早?"用这种设想表现出了对当年那个活泼的舞女的怀念。

中国新诗的发展,产生了非常多优秀的诗人与诗篇,但很多作品却湮没在了诗歌史中,可能因为战乱,可能因为政权更迭,还有的很可能像徐霞村一样,仅仅因为写得少。但我们不能因为它们处境的边缘而去否定其价值,那些好的作品与那些主流诗作一样,值得后人去关注、去整理、去研究、去传播,使其重焕生机。《给——》就是徐霞村水准很

---

⑰ 徐小玉:《霜叶红于二月花——徐霞村纪传》,山西人民出版社 1999 年版,第 78 页。
⑱ 奚似:《鲁迅上徐霞村的当》,《社会日报》1935 年 1 月 14 日。

高的一首诗,大胆而新奇,具有独特的审美表达与韵味;《给一个女报告员》,同样体现了他的诗歌创作才能,完全可视为佳作,他并非自以为的那般"不是写诗的材料"。《梦都子——致霞村》对理解著名诗人戴望舒的诗作,亦有价值;即便是被朱湘批评的 *Black Cat*,留下了对当时著名的黑猫舞厅的刻画,"保存"了社会文化,也已经作出了历史贡献。

"中国娜拉"黄逸梵在海外
——介绍几件新史料

陈万华

张爱玲的母亲黄逸梵(Yvonne Whang)被"张迷"视为中国的娜拉。她1924年首次赴英国留学,1957年在伦敦去世,除数次短暂回国,一生漂泊海外,足迹所履,遍及英国、法国、新加坡、马来西亚、印度和中国香港,在异国他乡生活长达数十年。

黄逸梵在海外的详细情况,长期以来读者所知甚少,我们只能从张爱玲、张子静姊弟的叙述和其他零星记载[1]中略窥一二。近年,随着黄逸梵生前好友、马来西亚吉隆坡坤成女中退休教师邢广生女士的浮出水面,其在马来西亚和英国生活的部分史料得以发掘,成为广大"张迷"关注的热点[2]。不过,"中国娜拉"黄逸梵在海外的话题,远未到终点。现就笔者所辑日记、新闻报道、出入境档案和火化登记簿中的相关史料,作些补充。

---

[1] 《蒋碧微回忆录》叙述了黄逸梵在法国期间的生活:"算算在巴黎停留的时间相当长,住旅馆既不方便,耗费又大,我们就在十五区租了一间小小的画室。同住在这幢房子里的,还有一位中国女画家黄女士。黄女士就是著名女作家张爱玲的母亲,我们是在南京相识的,那时候黄女士已经和她的丈夫离婚。我们和黄女士异地重逢,又同住一幢房子,非常高兴。当时黄女士住四楼,我们住在二楼。"见《我与悲鸿》,漓江出版社2008年版,第136页。

[2] 截至2019年5月,这些文章包括:张错:《张爱玲母亲的四张照片——敬呈邢广生女士》,《印刻文学生活志》2016年5月号,第154—159页;余云:《石破天惊邢广生》,《联合早报》2019年2月21日;林方伟:《传奇的传奇——张爱玲母亲黄逸梵闺蜜邢广生忆述张母最后的南洋岁月》,《联合早报》2019年2月22日;江迅、袁玮婧:《张爱玲99岁传奇母亲闺蜜邢广生槟城揭秘辛》,《亚洲周刊》第33卷第7期,第22—24页;江迅、袁玮婧:《邢广生揭张爱玲母亲真貌》,《亚洲周刊》2019年第33卷第7期,第25—27页;林方伟:《张爱玲之母生前事再揭开——学者王赓武回忆黄逸梵》,《联合早报》2019年3月31日;余云、林方伟、石曙萍:《急景凋年烟花冷——张爱玲母亲黄逸梵晚景钩沉》,《上海文学》2019年4期,第68—99页,包括余云《前面的话》、林方伟《黄逸梵私语:五封信里的生命晚景》、石曙萍《娜拉的第三种结局——黄逸梵在伦敦最后的日子》;江迅:《槟城,触摸张爱玲母女情事散珠》,《印刻文学生活志》2019年5月号,第112—122页。

郑振铎所记黄逸梵行踪

1927—1928 年,郑振铎曾到法国和英国游历。其中 1927 年 11 月 28 日至 1928 年 2 月 29 日在英国期间,和当时正在英国留学的黄逸梵、张茂渊有所交集,其记录见于《郑振铎日记全编》收录的"残存的海外日记"。

十二月二十七日(星二)晴,阴,雪未消。上午,与程闲谈了整个上午。下午,在家午睡。旁晚,到上海楼,傅请客。遇二张女士及刘锴君。十时回,即睡。

十二月二十八日(星三)晴,冷。……七时,到上海楼,张太太请客也。十时半回。

十七年正月二号(星一)雨。……夜,写了两封信给吴南如、舒舍予,请他们明天吃饭。

正月三号(星二)阴。……下午,和傅到上海楼定菜。

正月四号(星三)阴。郦来,上午同到 University College 参观他们的教育会议的书店陈列所。拿了不少目录来。下午,无事的过了半天。夜七时,请客,到者南如夫妇、张太太小姐、刘锴、舍予、郦、尚霖等,共九人。十时回,十一时睡。③

上述日记中提到的"傅"(傅尚霖)、"郦"(郦堃厚)、"吴"(吴南如)、舒舍予(老舍)等,都是当时寓居英国的留学生或年轻外交官。在英国期间,老舍还与宁恩承、郦堃厚、吴定良、邱祖铭、吴南如成立了一个"六君子"读书会,每两周聚会一次,畅谈读书心得,交流对国内政局的看法。老舍最初的三部长篇小说《老张的哲学》《赵子曰》《二马》就是在英国创作的,其中《二马》是他首部把背景搬到伦敦的长篇。张爱玲《私语》中说:"《小说月报》上正登着老舍的《二马》,杂志每月寄到了,我母亲坐在抽水马桶上看,一面笑,一面读出来,我靠在门框上笑。"《小团圆》中,蕊秋有个英国教员朋友马寿,其人物原型就是老舍。

《小团圆》出版当年,笔者找到郑振铎日记中的这些记载,据此索隐出小说中"简炜"人

---

③ 陈福康编:《郑振铎日记全编》,山西古籍出版社 2006 年版,第 77—88 页。

物原型乃是20世纪20年代留学英伦、后来成为外交界名人的刘锴④。据庄信正太太杨荣华的文章透露,张爱玲的老照相簿里,有她母亲与姑姑欧游的照片,还有这位刘锴先生⑤。联系日记中张太太、小姐与刘锴"他们仨"的形影不离,简炜之原型呼之欲出。

当时笔者更进一步遍检《留英学报》和胡适《欧游日记》,发现刘锴是留学生中的活跃人物。他先后任《留英学报》"英文书记""干事""查账员"等职,曾前往日内瓦万国学生联合会详陈中国留英学生总会状况,意在取得该会承认。1927年"双十节"庆祝活动筹备,刘锴备任其劳。1928年7月中国留学生夏令营举行演讲、辩论、竞技,"网球公开单人比赛优胜者为张达碧,亚元为刘锴",他和另一位留学生贾德同搭档,在双人比赛中也取得亚军。后来他还和张达碧等六人代表中国学生与留英缅甸学生举行网球赛⑥。此外,1926年12月31日胡适参加"中英庚款"全体委员会议后回国,"来送行的有吉田、Pratt(普拉特)、陈代办,使馆中吴南如、邱、孙诸君;中国学生来者甚多,而刘锴君扶拐杖来送,更使我不安"⑦。

不过,《留英学报》等中文史料中并未见关于黄逸梵和张茂渊的记载。笔者曾设想,或许英文史料中有关于二人的档案,有待张学界进一步去努力发掘和研究。从2009年至今已十多年过去了,郑振铎残存的海外日记仍是迄今为止少有的有关黄逸梵英伦留学的一手史料⑧。

---

④ 刘锴(1906—1991),别号亦锴,广东中山人。生于1906年4月16日,毕业于英国牛津大学。1930年6月任国民政府立法院外交委员会秘书,1932年初又转任国民政府外交部秘书,后来还先后出任驻英公使馆、驻英大使馆秘书,官衔一直升到大使一级。
⑤ 杨荣华《在张爱玲没有书柜的客厅里》:"这本脱了线的相簿内容相当单纯,除了年幼时的家庭照,占最大篇幅的是张爱玲自己及炎樱的艺术照,另外她收藏了极多她母亲与姑姑欧游的照片,单人的,和多位朋友合影的,个个时髦又漂亮,很难想象走在那个时代尖端的他们有着怎样传奇的身世。著名的外交官刘锴是合照中的朋友之一,传张爱玲称他刘'阶',不像我们说的刘'楷'。"参见陈子善编:《作别张爱玲》,文汇出版社1996年版,第108—111页。
⑥ 《留英学报》第1—6期,1927—1930年上海出版,商务印书馆代售。
⑦ 《胡适全集·第30卷·日记(1923—1927)》,安徽教育出版社2003年版,第461、462页。
⑧ 张志潭日记有关黄逸梵记载四条。其一,1927年十一月廿六日(农历,下同):"廷重来,知娜妹等将归。"其二,1928年正月廿四日:"廷重早来,言接伦敦电,其妇患肠胃,已割治,后尚好。"其三,1928年三月十三日:"廷重来,言其妇、妹欲归,需款。"其四,1928年八月十八日:"收廷重书,知茂妹等已于初八日由英乘坎拿大轮抵沪。"见《近代史所藏名人稿钞本日记(第一辑)》,大象出版社2011年版,第57—65页。

战乱中的黄逸梵

新加坡是从中国到英国的必经之地。黄逸梵与丈夫张志沂离婚后,于 1932—1936 年赴法国生活四年,其后又短暂回国⑨。约 1939 年她第三次去国,寓居南洋达八年之久并经历了第二次世界大战,其外籍男友亦于 1941 年死于新加坡沦陷的炮火。黄本人一度和亲人失去联系,流离到印度,曾做过尼赫鲁两个姐姐的秘书。

笔者在新加坡报纸 The Singapore Free Press and Mercantile Advertiser⑩1941 年 12 月 30 日第六版上寻获题为 Alleged Breach of Lighting Rules 的报道:

Arrested and locked up for the night during a brown-out, Miss Yvonne Whang appeared before Mr. C. H. Whitton in the Singapore Traffic Court yesterday in answer to a charge under the Lighting Regulation.

The prosecution, conducted by Court inspector A. H. Frew, alleges that Miss Whang did not shade her electric lights sufficiently in her house in Lincoln Road on Dec. 16 about 7:45 p.m.

It was stated that after a warning given the previous night by an air raid warden, a light in Miss Whang's house was again visible from outside. An inspector of police visited the house and took her to the Kandang Kerbau Police Station, where she was locked up for the night.

Miss Whang had given part of her evidence when the court adjourned until Jan. 2. The magistrate aid that he would consider a suggestion by Mr. Kenneth A. Seth, counsel

---

⑨ 黄逸梵此次回国,史料所见数条。其一,1937 年 4 月 19—27 日在上海南京路大新公司四楼举办"默社第二届绘画展览会",黄逸梵参展,见《申报》1937 年 4 月 19 日第 2 版广告。其二,《上海电话公司电话簿(二十六年夏季)》条目:"黄逸梵,开纳路一九五号,22456。"其三,英文《字林西报行名录》1938 年 7 月版记载开纳公寓住户,黄逸梵住在 202 室。

⑩ 《新加坡自由报》是由 William Napier, Edward Boustead, Walter Scott Lorrain 和 George Drumgoole Coleman 创办于 1835 年的新加坡第二家英文报纸,1962 年停刊。

for the defence, to visit the house in order to form a better picture of the whole situation.

此则新闻的大意是，黄逸梵女士在宵禁期间因违反灯火管制条例被拘押，并因此接受新加坡交通法庭的指控。由检察官 A. H. Frew 进行的这项指控声称，12 月 16 日下午 7 时 45 分左右，黄女士在她位于林肯路的家中，没有对电灯进行足够遮挡。在防空袭督导员发出警告后，黄女士家依然灯光外泄。一名巡警遂登门将她带至 Kandang Kerbau 警察局拘押一晚。当法院休庭到 1 月 2 日，黄女士已经提供了部分证据。法官考虑辩护律师 Kenneth A. Seth 先生的建议，将登门实地考察，以便更好了解整体情况。

这里有必要介绍一下此新闻事件的历史背景。1941 年 12 月 7 日，日军突袭珍珠港，拉开了其全面进攻东南亚的序幕，至次年 2 月，中国香港、新加坡、马来亚、缅甸等地相继沦陷。上述黄逸梵被拘押的事件，正是发生在战争的紧要关头，黄逸梵的男友也于此际死于日本对新加坡的空袭[11]。可惜此则报道并无片言只语提到其男友，也没有解释黄逸梵不遵守灯火管制规定的原因，报纸上也无相关后续报道。

差不多同时，张爱玲在香港也经历了战火考验，并因此未能完成香港大学的学业。次年，她回到上海，开启了自己光辉灿烂的文学传奇。而张母流离失所，一度失踪，至 1947 年回上海之前数年的行踪，至今仍朦胧缥缈，迷雾重重。倒是 1947 年版的英文版《上海电话号码簿》，记载了其住址和电话，Whang Yvonne Miss 195 Changteh（Hart）32701，留下了其回到上海后的惊鸿一瞥[12]。

《新加坡自由报》关于黄逸梵违反灯火管制条例的报道

黄逸梵乘船记录

石曙萍博士《娜拉的第三种结局——黄逸梵在伦敦最后的日子》披露了她在英国政

---

[11] 张子静、季季：《我的姊姊张爱玲》，时报文化出版公司 1996 年版，第 95 页。
[12] Shanghai Telephone Directory and Buyer，1947 年版，第 269 页。

府网站上寻获的三种档案——黄逸梵入籍证书、死亡证书和遗嘱,为"张迷"了解黄逸梵晚年在英国的踪迹增添了新的宝贵资料。

笔者在《联合早报》关于邢广生的报道披露之始,也顺藤摸瓜进行了一番网络考据。除石曙萍女士介绍的三种档案之外,另外寻获 4 件黄逸梵乘船出入境英国的档案(申请到其中 3 件复制件)和 1 件黄逸梵的火化记录[13],让这场"文学侦探"之旅得以持续深入。

最早的一次乘船记录是 1949 年。英国 Ancestry 网站的提要显示,她搭乘的是半岛东方蒸汽导航有限公司名曰"迦太基"的航船,从中国香港出发,途经新加坡、槟城、科伦坡、孟买等地,于 1949 年 6 月 9 日抵达伦敦。黄逸梵所在页面,记录了从槟城上船的 14 位旅客和从科伦坡上船的 9 位旅客,黄逸梵是从槟城出发,编号 321,在英国的住址是:c/o Stubble Down, Hodsoll Street, Wrotham[14]。由张子静《我的姊姊张爱玲》可知,黄逸梵约于 1948 年最后一次离开上海。从抵达伦敦的日期,我们乃知她在途中逗留数月乃至一年之久。从 c/o 字眼,也可判断此时她在伦敦尚未有固定的住址,因此留下了 Stubble Down, Hodsoll Street, Wrotham 的寄居地址。自 1928 年回国后,黄逸梵已多年未履英土,1948—1949 年旅途中,当是解决了初期住宿问题才前往英伦。流寓南洋期间,她似不乏朋友或同事,通过各种熟人关系,对英国的状况进行相

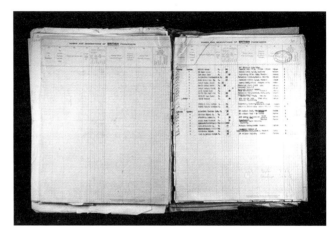

1949 年黄逸梵出入境英国档案(乘船记录)

---

[13] 感谢好友 Dr. Sabrina Qiong Yu 代为申请相关档案复制件。
[14] 林方伟据此地址及黄逸梵遗嘱中相关内容,考定黄逸梵之新加坡情人,为曾居上海的英国雕塑家 William Wheatley Wagstaff 之子。见林方伟:《张爱玲母亲的新加坡情人》,《联合早报》2021 年 2 月 21 日。

当的了解。邢广生大概是其中最重要的一位⑮。

　　第二次乘船记录是 1952 年 4 月 9 日从伦敦出发,目的地为新加坡。这次她乘坐的是 S. S. "CHUSAN"号轮船。这艘客轮属于半岛东方轮船公司,于 1950 年投入使用,专门执行到印度和远东的航行服务。这次乘船记录显示,黄逸梵此时在伦敦的住址是上艾迪生花园 11A 号,表明最迟 1952 年她已开始在此定居,直至终老。更值得注意的是,黄逸梵的职业信息登记为 Dressmaker(女装裁缝),这和 1949 年那次登记为 Fine Arts(美术家)形成鲜明对比,也和张爱玲姊弟回忆中"母亲 1951 年曾在英国的皮包工厂做女工"对得上。在艺术家和工厂女工这反差巨大的角色间,黄逸梵似乎转换自如,悠然自得,并不感到阶级差异带来的窘迫。

　　第三次乘船记录是 1952 年 7 月 8 日,黄逸梵乘"CORFU"号由新加坡返回英国,在 TILBURY 港停留的记录。登记册页记载了从中国香港、新加坡、科伦坡、孟买、塞得港登船的游客 35 人,序号从 372 至 406。不知何故,从新加坡登船、编号 210 的黄逸梵和编号 185 的中国旅客 LIM Pee YAW 另以较深的墨迹打印在旅客名录的最后。这一次的旅行,当和 4 月份的那次构成一个来回,即当年 4 月黄逸梵曾有新加坡之行,三个月后又返回英国。同年,张爱玲离开内地远走香港。母女二人一个从北而南,一个由西向东,似终未见面。黄逸梵此次新加坡之行,为何而来,张爱玲是否知晓,从目前学界掌握的史料看,还是难解之谜。

黄逸梵火化记录簿

　　黄逸梵的火化记录簿,见于逝者在线(www.deceasedon-line.com)。这是一本接近方形的记录簿,记录了 1957 年西伦敦区域的火化名录。

　　记录簿的内容,包括死者编号、火化日期、姓名(住址和病逝医院)、年龄和性别、婚否、死亡日期、申请火化人姓名及地址、签字人姓名及地址、死亡注册区、骨灰处理、火化

---

⑮ 1948 年黄逸梵因新加坡南洋女中校长刘韵仙引荐,得以在吉隆坡坤成女中任教,从而与同在此校的邢广生结识。见林方伟:《黄逸梵私语:五封信里的生命晚景》,《上海文学》2019 年 4 期,第 70—85 页。

时间、承办人、备注等项目。黄逸梵编在 9967 号，火化日期为 1957 年 10 月 15 日，姓名（住址和病逝医院）为 Yvonne Whang，11A Upper Addison Gardens W. 11，died：St. Luke's Hospital；年龄和性别为 52[16]，Female；婚否为 Married；死亡日期为

黄逸梵火化记录簿

1957 年 10 月 11 日；申请火化人的姓名及地址为 Cecilia Hodgkinson, The Priory 27A Church Road St. Leonards on Sea Excelton[17]；签字人姓名及地址为 C. H. Collins, 17 Ledhoke Gardens W. 11 及 N. D. H. Hseegham, 33 Harley Street W. 1；死亡注册区为 Paddington，骨灰处理方式为 Scattered；火化时间为 2.15；承办人为 Cole；备注栏写有 Recorded 119，16.10.57。

仔细研读载有黄逸梵记录的这页（P56）登记表，我们发现，1957 年 11 月 15 日这天共有三人被火化，火化时间分别是中午 12 时 15 分、下午 2 时 15 分和下午 3 时 15 分，黄逸梵是当天第二个。簿记中她的居住地、死亡医院、死亡日期、年龄等信息，和此前石曙萍所介绍的死亡证书、遗嘱所载相关内容基本一致。黄逸梵火化的申请人 Cecilia Hodgkinson 也在其死亡证书与遗嘱中出现，不过这里的 The Priory（修道院）信息为进一

---

[16] 据《黄氏族谱》（长沙江夏堂木活字本，黄庆达修，1935 年版），黄逸梵生于光绪戊戌年腊月二十四日，公历年为 1899 年 2 月 4 日。根据石曙萍女士披露的黄逸梵入籍英国证书，她填写的生日为 1905 年 2 月 4 日，和实际生日相差六岁整。黄逸梵去世时虚岁 59 岁，非英文档案中的 52 岁，亦非石曙萍、林方伟诸位文中所说的 61 岁。

[17] 下划线部分为模糊或潦草无法确定，下同，不再出注。

步查明其身份提供了线索。签字人 C. H. Collins 和 N. D. H Hseegham 则未出现在此前已发现的其他任何档案里。这两位的出现,进一步提供了黄逸梵晚年在英国的交际圈信息。

值得注意的是,关于骨灰的处理,包括黄逸梵在内的所有人都是 Scattered,意即播撒。其中,9965 号的那位先生还注明 Rose Bush,即玫瑰丛。石曙萍女士曾经设想,如果幸运的话,或许能找到安葬黄逸梵骨灰的墓园。但火葬的记录是否意味着石女士和广大"张迷"的愿望成空⑱?这不禁让人想起张爱玲的遗嘱——将骨灰播撒在任何无人居住的荒野,她用了同样的词:Scattered。

这里不妨梳理一下黄逸梵一生的大概足迹:

1924—1928 年,英国留学。

1928—1932 年左右,上海。

1932 年左右—1936 年左右,法国。

1936—1939 年,上海。

1939—1947 年,香港、新加坡、马来西亚、印度。

1947—1948 年左右,上海。

1948—1949 年,香港、新加坡、马来西亚。

1949 年 6 月—1957 年 10 月,英国,1952 年曾短暂到新加坡。

自工业革命之后,至 20 世纪中叶,英国一直引领世界文明发展,代表着当时最先进的科技文化和生产力,也因此在全球建立了辽阔的殖民地和势力范围。在东方,以印度为中心,涵盖马来半岛、缅甸、中国香港在内的殖民地,成为展示大英帝国显赫国力的一部分。英国先进发达的文化和科学技术,成为相对落后地区民众学习的圭臬。从晚清的洋务运动,到民国初期的新文化运动,中国的启蒙思潮如云蒸霞蔚,飘然兴起,学习西方、启迪民智成为社会潮流,大批知识分子纷纷奔英赴美,带回新的思想和理念,有力冲

---

⑱ 石曙萍博士在后续研究中,已找到播撒黄逸梵骨灰的墓园,见《从女工到画家——张爱玲母亲晚年在伦敦》,《印刻文学生活志》2019 年 8 月号,及《英伦花园中的自由精灵——拜访张爱玲母亲的墓地》,《联合早报》2021 年 1 月 25 日。

击了传统中国的知识体系和价值理念。张爱玲的父亲张志沂出身旧式仕宦家族,谨守传统观念,而母亲黄逸梵虽也家世显赫,但她本人的价值观念和生活方式相当西化,这成为他们家庭悲剧的根源。发生在黄逸梵和张志沂之间的冲突,某种程度上就是中国社会大变革的一个具体而微的例证。

"中国娜拉"黄逸梵,在海外漂泊近三十年,一生大半光阴在南洋和英国度过。她曾经规划女儿张爱玲的人生,希望她到英国伦敦大学求学,因二战只能退而改入香港大学,但也终因太平洋战争爆发而草草收场。在"中国娜拉"们"走出去"的征途中,母亲黄逸梵比女儿张爱玲走得更远、更坚决。她成为张爱玲遥远而无法企及的梦想,为隐秘幽微的母女关系增添了难于述说的内涵。黄逸梵在追求艺术梦想的过程中,既享受了自由的欢乐,也经历了战争的播迁、流离的孤独。她像一尾游荡在大洋中的鱼,不断游走,殁于异地,冷暖自知。在逃离象征封建专制的"雷峰塔"之后,收获的是幸福抑或孤苦,也许只有她自己知道了。

何挺然的海上影院版图

严洁琼

纵观中国早期电影业,若以从业人员籍贯分布而论,广东籍人士可谓才人辈出、星光熠熠,导演如郑正秋、黎民伟、蔡楚生,演员如胡蝶、阮玲玉、陈云裳,摄影如黄绍芬,收音如邝赞,莫不执业界之牛耳。至若发行放映业,更是由粤商占据了大半壁江山。"有过一个时候,差不多全中国影院事业是在三个广东人的联合支配之下。其中的两位是香港明达公司的卢根,上海中华电影公司的曾焕堂,以及天津华北电影公司的罗明佑。"其实,除此三人而外,另有一广东人,声名虽不及此三人显赫,却同样建功卓著,于中国电影放映业之发展贡献良多,那就是本文的主角,曾先后创办北京大戏院、南京大戏院和美琪大戏院的何挺然。

何挺然之所以能在中国电影放映业开拓一片天地,脱不开天时地利人和的各种帮衬,此点从其未入影界时的履历便已显出端倪。"何挺然,1892年12月8日出生于广州,英国籍,基督教卫理公会教徒。1908—1910年广州南华中学;1910—1912年上海圣约翰附中毕业;1912—1916年入圣约翰大学获理学士。"此段文字稍加浓缩,便可归结为四点——广东人、英国籍、教徒、圣约翰大学毕业。而每一点若仔细玩味,都与其日后在影界有所作为息息相关。

广东人在电影放映业的独霸地位不待赘言,除前文已提及的曾焕堂、卢根、罗明佑外,其他广东籍的影院创办人还有郑伯昭(奥迪安大戏院、新光大戏院)、高永清(大光明戏院)、吴朝和(广东大戏院)等,不一而足。同乡者大半惺惺相惜,即使没有实质上的提携帮助,也有心理上的以壮声势。

何挺然像

再说圣约翰大学,乃近代上海著名教会学校,以学费高昂、着重英文教学而闻名,入读其间的学生,均来自中上层家庭,毕业后多活跃于外交及工商界。何挺然既然能入读圣约翰大学,说明其家庭条件较为优越,同时圣约翰的学习,让他不仅习得一口流利英语,更广结善友,积累了深厚的人脉资源,为日后在电影放映业大放异彩奠定基石。比如,1919年,何挺然进入曾焕堂创办的上海大戏院担任经理,是为从影之初,而曾正是其在圣约翰大学时的校友。再比如,何挺然先后创办的北京大戏院、南京大戏院、美琪大戏院,皆出自同一位设计师之手,那就是曾在中山陵设计竞赛中获二等奖的范文照,而他同样毕业于圣约翰大学。圣约翰的教育非常注重学生团队精神的培养,无形间也为他们踏上社会后在各领域同声共气、守望相助创造条件。

上海大戏院

至于何挺然的英国国籍和教徒身份,现在不太清楚的一点是他到底何时入籍和入教,种种迹象显示他入教当是在早年,是以一路入读圣约翰附中、圣约翰大学,之后又在基督教青年会执教多年。这在影界也并非鲜见。另一位曾叱咤影坛的风云人物——联华影业公司经理罗明佑也是忠实的基督教徒,晚年还成为虔诚的牧师。而何挺然入英国国籍则更大可能是在晚年,早年的报刊上似乎从没提到过他是英国籍。当然为了工作便利而入外籍者也不乏先例。比如20世纪30年代的"影院大王"卢根便是英国籍,当时报上还特别刊载文章《卢根是不是外国人》以说明他英籍华人的双重身份,但何挺然从没有在这方面受到过质疑。

以上,便是何挺然投身影界前的成长经历。这是一个受过高等教育、说流利英语、熟稔西洋文化的年轻人,而这样的青年才俊于电影放映业是再适合不过了。当时中国影院几乎全为西人把持,片源也都从欧美引进,想要进入这个市场,非懂英语、擅与洋人交际不可。可以说,1919年,当28岁的何挺然步入初现勃兴的电影业时,他已然做好了完全的准备。

何挺然之涉足影界,以供职上海大戏院为发端,自1919年到1926年,前后达七年之

中国影戏事业领袖之合影

久,对于他在上海大戏院的地位以及和曾焕堂之间的关系,有几种不同的说法。有说"经理何挺然,与曾焕堂同乡同学。院中一切大权,咸归何掌握,曾平日似不甚过问";也有说"其时上海大戏院之总理,为曾焕堂氏,经理为林某,何氏为一英文书记,翻译外片华文之助手"。两说大相径庭,两说皆有可能。何挺然既然在上海大戏院供职七年有余,从"英文书记"慢慢变成"戏院经理"也并非不可。1923年10月,《申报》曾刊出一张名为"中国影戏领袖之合影"的小照,照片中西装革履、英姿勃发的十二人绕席而坐,其中除两位华人之外(即上海大戏院经理兼干事何挺然和上海大戏院兼中华电影公司总经理曾焕堂),余皆为西人,包括雷玛斯游艺影片公司主人雷玛斯(A. Romas)、爱普庐影戏院主任何紫伯(S. G. Hertzberg)、香港游艺公司经理雷(H. W. Ray)等多位垄断电影市场的实权人物。从这张照片看来,何挺然在那时已为经理应该没有异议。只是虽是"经理",仍是谋食于人,直至1926年自办北京大戏院,才算有了自己的影院,同时头衔也一跃晋升为"总经理"。

考察中国早期放映业,有几点需要特别注意,其中一个便是笼统的"经理"身份。那时开办影院都要另组一公司对之进行管理,一个公司旗下可以只有一家影院,也可以有多家影院。比如,据1927年《中华影业年鉴》记载,其时三阳公司辖下只有百星大戏院一家影院,而中央影戏公司则同时管辖中央、新中央、恩派亚、万国、卡德、新爱伦六家影院。所谓"经理",可能只掌管某家戏院,也可能掌管整个公司,而即使是掌管公司的"总经理",也有可能只是高薪聘请的"职业经理人",而非公司股份的真正持有者。

那么何挺然究竟是怎样的情况呢？1926年8月，北京大戏院开幕前夕，《申报》记者曾获邀参观，并志一文。文中说到何挺然"前岁复醵合巨资建筑北京大戏院，苦心孤诣，两载经营，工程始告竣事"，由此看来，筹办北京大戏院一事应从1924年就开始了，为此还专门成立了上海怡怡公司，由何挺然任总经理，同时也是主要出资人，但因开办影院投资巨大，非一人之力可及，是以还需招募其他股金。据说，何挺然刚刚筹建北京大戏院时，很多人并不相信他能成功，"所以他最初招股很感种种困难，但他排除困难，积极的向前干去。戏院初开的时候，股子还没有招足，开不到一个月，生意大好，立由二十元一股的升至三十元，后来连买都买不着"。

由此可见，何挺然确为北京大戏院的主要股东和实际管理者。初次自办影院即告成功，给予其继续开疆辟土的勇气。1929年，踌躇满志的何挺然又设上海南怡怡有限公司，建造南京大戏院。投资更大，建筑更豪华，设施更先进，开幕后一直是上海四大头轮影院之一。1934年，为了与拥有大光明和国泰两家头轮影院的国光公司相抗衡，怡怡公司与南怡怡公司合并为上海联怡股份有限公司。值得注意的是，这家公司名义上是美商，由当时工部局美国律师阿乐满（Allman）代向美国政府申请注册，何挺然仅为副总经理。但据当时业内人士透露，联怡公司虽挂在美商名下，"然内部人员，一仍其旧，而所有实权，依然操何挺然（公司老板——笔者注）之手"。之所以打着美商的招牌，目的是为了避税，何挺然仍是主要出资人和实际管理者。也就在联怡公司成立的同年7月，公司又以10万元法币向融融公司租赁经营大上海大戏院。由此，联怡公司旗下便有北京、南京、大上海三家设备齐全的影戏院，其中南京、大上海两家为头轮影院，在上海戏院业中崭露锋芒，与同样拥有两家头轮影院的国光公司分庭抗礼，营业都颇为鼎盛。

而到1937年全面抗战爆发后，上海影院业又有了新的格局，何挺然也有了新身份。受战乱影响，全市娱乐业陷入萧条，因片源紧张，各影院不得不相互争片，以求生存。值此关头，美国片商却乘机肆意抬高影片拆账，将原本惯例的四六拆账，改为优等片倒四六分成，有的拆账率甚至高达70%。面对这一被动局面，朱博泉主理的国光公司与何挺然主理的联怡公司决定联合起来组成亚洲影院公司，以对抗美国八大公司影片商的独霸。经过一个月的磋商，1938年7月1日，亚洲影院公司正式成立，董事长为美国人海格（A. R. Hager），朱博泉和何挺然分任副董事长。

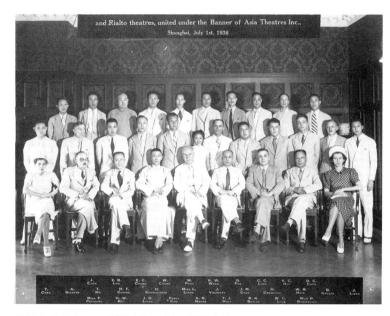

1938 年 7 月 1 日，亚洲影院公司成立时职员合影

联怡公司并入亚洲影院公司后，做的另一件大事，便是建造了"在远东建筑史上开一新纪元"的美琪大戏院。当时联怡公司旗下虽有三家影院——丽都（原北京）、南京、大上海，但只有丽都和南京是自建的，大上海是向融融公司租赁的，租期为 1934—1940 年。1940 年，眼看租约即将到期，为了保持旗下有两家头轮影院的优势，何挺然主导的联怡公司便筹划在戈登路另建一座豪华的首轮影院。

新影院投资 100 余万元，英文名 Majestic Theatre，中文名则向社会公开有奖征名后定为"美琪"。戏院为美国现代式样建筑，但有装饰艺术派的风格，占地面积 2612 平方米，建筑面积 5416 平方米，观众席两层 1328 座，如此规模在当时睥睨群雄。

从以上这些履历看来，自投身影界之后，何挺然的头衔虽有了好几次转变，从"总经理"到"副总经理"到"副董事长"不等，但一直牢牢抓住影院经营实权，并在步步推进、稳扎稳打中建造了北京、南京、美琪三座影院，完成了自己的海上影院版图。

何挺然对早期放映业的建树，不仅在于建造了三座颇具规模的影院，更是在经营方面有的放矢，从中可一窥当时放映业的运作情况。据当时业内人称，沪上多家影院中，最能挣钱的便是联怡公司旗下的丽都大戏院（即北京大戏院），此外南京大戏院也颇能盈利，只大上海稍有不足，而如大光明、国泰、光陆这些豪华影院，虽然营业不错，但是开销巨大，其实大多是亏损的，可见何挺然非凡的经营手段。

以北京大戏院举例，成立之初，何挺然并没有购买任何制片公司的新片首映权，这本来应是一个劣势，但他却通过巧妙的经营策略，化劣势为优势。当时的影院，按上映欧美新片的优先权,分为首轮、二轮和三轮影院,票价也依次降低。不过首轮影院固然陈设华美,但票价昂贵;三四轮影院虽然票价低廉,但环境脏乱,观影体验差。何挺然瞅准了这一影院生态圈中的断层,为北京大戏院找到了合适的定位。

首先,北京大戏院外观优美、设备优良,其建造兼顾了装潢、空气流通和视线集中问题,给观众创造了一个舒适宜人的观影环境。其次,择优精选开映过的旧片上映。北京大戏院没有首轮放映权,但是凭借何挺然多年从业经验,选片眼光十分独到,专挑首轮放映中大受好评、口碑上佳的影片上映,没看过的可以一饱眼福,看过的也可以经典重温。同时,票价优惠。因为放映的都是二三轮影片,第一次的影片租价动辄数千元,演过一次或两三次的影片租价只要数百元,成本既低,便可将票价大大减低。头轮影院正厅价格要一两元,而北京大戏院只要三角和四角,于是生意大好。"有的人竟等到名片轮到北京大戏院开演时去看,因为同是看得见,不是性急的朋友乐得占便宜。"

然而,没有新片首映权终非长久之计,何挺然也深知这一点,但他没有购买昂贵的西片首映权,而是向国片伸出了橄榄枝。1929年11月初,带着"复兴国片"的宏图远志,北方影业巨子罗明佑南下上海发展,并主持拍摄了《故都春梦》一剧。该片由罗明佑、朱石麟编剧,孙瑜导演,王瑞麟、阮玲玉、林楚楚主演,1930年8月30日首映,而地点就选在北京大戏院。此片诗意的镜头语言和严肃的主旨内涵为国产影片吹来一阵清新之风,不仅让导演孙瑜一炮而红,也让投资人罗明佑小赚

北京大戏院外观

一票,于是联华影业公司顺势成立。同样受惠的还有北京大戏院,早在影片上映之前,何挺然已和罗明佑达成协议,将"北京"作为联华公司的新片首轮影院,放映《故都春梦》及以后"联华"新片。何挺然果然独具慧眼,"联华"成立后接连推出《野草闲花》《恋爱与义务》《南国之春》《小玩意》等佳作,不仅成为国片复兴之光,也使"北京"声誉大

增,营收节节攀升。

到创办南京大戏院时期,建筑之富丽堂皇比北京大戏院更胜一筹,其余如放映机之精良及座位之舒适等,也不必赘言。此外,还有数个优点为当时其他戏院所不及。比如,戏院门前大开停车之便利,方便了小汽车往来的绅士名媛们;再比如,首开先例,购置空气调变机,成为沪上第一家有夏日冷气的影院,由此开启了头轮影院必有夏日冷气的标准配置。同时又将楼下座位票价减低,低至六角,上海头轮有声影院的六角座价,即是由南京大戏院始创,保持了许多年,直到"孤岛"时期才因百物昂贵而改变。作为头轮影院,南京大戏院还获得美国福克斯公司和雷电华公司的新片专映权,营业一度盛极。

对于经营影院而言,片源是关系到一家影院兴盛与否的命脉,因此一直以来,新片专映权的争夺都异常激烈,何挺然辖下影院的兴衰也可体现这一点。

比如,此前说到北京大戏院因为拿到"联华"的新片专映权而营业兴盛。然而到了1934年,另一家华商影院——金城大戏院在"北京"对面拔地而起,并从"北京"手中夺走了"联华"新片首映权。其后"金城"又取得上海明星影业公司和天一影业公司的新片首映权,何挺然的国产新片来源被断,"北京"票房暴跌,无奈之下只能将"北京"拆除重建,改称"丽都大戏院",仍为二轮影院。

之后的南京大戏院也遭遇过类似困境,其原本拥有福克斯公司和雷电华公司的新片专映权。1933年12月6日,由融融股份有限公司创办的大上海大戏院在虞洽卿路开幕后,斥重金将南京大戏院的新片专映权夺走,致使后者蒙受极大损失。不过,令外界愕然的是,何挺然谈判有方,在1933年7月与融融公司签订了一份租赁合同,将大上海大戏院与南京大戏院一起受辖于联怡院线,化解了这场危机。与此同时,1934年8月,南京大戏院又获得米高梅电影公司的新片专映权,重返首轮影院行列。

此外,对当时上海以放映好莱坞影片为主的首轮影院而言,除了争夺专映权,与好莱坞片商商定租赁方式以及拆账比例同样重要。

据1927年美国商业部海外贸易司电影科发表的一份关于中国电影市场的官方调查报告显示,当时美国影片在中国主要有两种发行方式:一是片商采取一次性的收费办法,将影片租给影院,而影院按照合同的规定映演影片,不能超过规定的场数,一般称为

"包租制"或"买断制";二是片商与影院按照事先约定的比例对影片的票房收入进行分成,一般称为"票房拆账制度"。因为"票房拆账制"让片商与电影院双方共享利益,共同承担风险,同时,从好莱坞的角度出发,"拆帐制"使他们得以更方便地控制影院,在电影放映的类型、市场营销中的包装方式,以及分配给每部电影的放映时间等方面都掌握主动权。因此,当时影院和片商之间一般都流行拆账制。而拆账比率就此成为双方拉锯的焦点,在美国商业部发表这份报告的 20 世纪 20 年代,通常电影商在分账中要拿票房的 30%;到了 30 年代,已经上升为 40%。

少数情况下,影院也能通过"包租制"买到版权,一般是从好莱坞以外的独立电影制片人那里买到的。何挺然就做了一次特例。1936 年,他花 25000 元(又说 28000 元)买断了查理·卓别林的电影《摩登时代》的发行权。当时,这部影片在全球多地上映,轰动一时。何挺然估计此片在中国依然能大卖,是以重金购买发行权,于 4 月 1 日在旗下南京、大上海两家戏院同时上映。上映当天,票房大卖,打破了此前《西线无战事》创造的纪录,也超过了卓别林前作《城市之光》的成绩。此后,5 月中旬《摩登时代》又在丽都和金城同时开映第二轮,依然很受欢迎。何挺然的选片眼光和运作魄力在此一役中可见一斑。

1947 年后,何挺然移居香港,不过他在上海创办的三座影院有两座留了下来。南京大戏院因为建筑音响较为理想,于 1959 年 9 月 20 日改建为上海音乐厅,常年举办各类音乐活动。美琪大戏院则改建为剧场,以演出大型歌剧、芭蕾舞剧为主。他在上海的这段从业经历成为其人生高光时刻,同时也是中国早期放映业发展的重要组成部分,依然矗立街头、焕发新生的两座大戏院将一直铭刻这段历史。

漫谈梅兰芳

俞振飞口述　秦来来整理

1986年夏末,秦来来采访俞振飞(1902—1993)于淮海西路寓所。

俞振飞(下称俞):梅先生最早我不认识他,可是他每次到上海演戏,我一定要去看。我这出《贩马记》就是看了梅先生跟姜妙香先生的演出,我们"偷来"的。我们几个人,还有班底里头有一个叫蒋砚香,蒋砚香是专门在上海教小生的,我很多小生戏都是他授的,我拜程(继先)先生之前所有的戏都是蒋砚香(教的),他又会昆曲又会京戏,人很聪明。一方面呢,我们关照蒋砚香,你也想办法给我们"偷"点东西,他就是"偷"说白、锣鼓经,我们就是"偷"唱腔、身段动作。所以,我对于梅先生的一种钦佩,实在是(很厉害的)。我看见梅先生的时候,梅先生刚刚在演这个古装戏,过去我们旦角没有古装戏,也都是梅先生创造出来的,什么《天女散花》《嫦娥奔月》,后来的《黛玉葬花》《上元夫人》等等。所以,梅先生给我的印象是非常好的。

俞振飞接受采访

有一次,大概是在20年代,具体的时间我记不清了。上海那个时候一个江海关监督叫姚文甫,他很喜欢听昆曲,他的儿子也跟我学昆曲,姚文甫跟我父亲也是很熟的,他是海宁人。那天梅先生在上海唱戏,姚文甫就请他吃饭,知道我父亲也从苏州到上海来,他就关照我说,你们父子二位一块儿陪陪客。当时,姚文甫就找了一个吹笛的笛师,他是希望梅先生唱一段昆曲。但是,那个时候北京的所谓名演员,他不肯随便出来清唱一段什么的,他都是不肯的。我们不知道。到了吃饭的时候,梅先生也去了,我父亲也去了,我也去了,姚文甫就要梅先生先唱一段。梅先生无论如何不肯,他说,我知道俞老先生(也就是我父亲)的名望很大,好像是昆曲中间的大王,大王面前我是绝对不敢唱,我今天希望俞老先生能够唱一段,我也听听。那么没有办法,就让我父亲唱。我父亲唱了一段。后来他(梅兰芳)的秘书许姬传告诉我们,梅先生那天听了昆曲,回去高兴极了。他说,我一直认为昆曲应当怎么唱,但是现在的一班票友,上海的也好,北京的也好,我听上去总不是太满意的,但是一听俞老先生的唱,完全跟我想的一样,说明他唱的是完全正宗的,我今后有机会一定要学一点俞派昆曲。因此,在1929年、1930年的时候,梅先生就托许姬传来找我,说是要让我去把他老早学的昆曲改一改,另外还跟我学个一出、两出新的昆曲。我不同意改,我说你这个改,比如说一出《刺虎》,你已经在唱片公司灌了唱片,许多梅派的学生都跟着唱片学会了,我要给你一改,说明你过去唱的就不对了。我说对于你的名誉不好。梅派的《刺虎》就是这样,不要去改它,我来教你一出外头好像不大有人唱的,因为梅先生学的昆曲好几十出,我说我要找一出你没学过的,你脑子里头有旧的印象,就唱不好。我找来找去,找了一出叫《认子》。这一出戏,昆曲里头唱腔非常好听,但是唱的人很少,会的人很少,我父亲教我的。他也唱得很高兴,尤其加上我们俞派的唱法。完全一出戏学完之后,这时程砚秋找我到北京去,我没有办法,1930年我就离开了上海,1930年年底吧。

　　后来,1940年之后,我又回到上海了,我也经常到梅先生家里头去。梅先生家里头是宾客满堂,都喜欢到他家里头去聊天,他也很欢迎大家去。所以,我们也是经常在一起。我们上海有个昆曲保存社,因为这个组织刚刚形成,也没有基金,说是唱三天昆曲,筹一点款。我们当然是不敢请梅先生的,所以梅先生面前我们就没有提到这个事情。我们在组织之后预备要唱,让梅先生知道了,他说你们是不是有三天义务戏?我们说是的。他说,我也要唱。他主动来参加。我说,你唱我们太欢迎了,戏票就容易卖出去了,因此就唱了三天。头一天就是《游园惊梦》,下来一天《断桥》,还有一天叫《瑶台》,《瑶台》也是汤显祖《临川四梦》里头《南柯梦》中的一出。唱完之后,他非常高兴,他说跟你唱戏,好像特别有劲。但是因为他那个剧团里头有个姜妙香,他们几十年在一块儿演戏,我也不好意思说你不要用姜妙香,用我吧,我也不能说。后来,我跟程砚秋分开之后,

俞振飞(中)李蔷华(左)夫妇与秦来来

我就回上海,一直在黄金大戏院。后来抗战期间,梅先生不是留了胡子嘛,但是(全面)抗战八年到(第)六年的时候,他家里头的钱是老早已经用光了,还是书画卖掉一点在开支,他因为留胡子也没有办法唱了。所以,日本人投降之后,他就胡子一剃,说,我非唱戏不可了,我再不唱戏,我东西都卖光了。那个时候他自己也开过一个画展,但是也是不够他花的。抗战胜利之后,他就找我,他说,我想唱戏。我说,好啊,你准备起来吧,你也希望我参加,一块儿,有什么事情我来跟你跑跑。

后来第二天我再去,梅先生一个人坐在那儿好像不高兴的神情。不大看见梅先生不大高兴的,他老是很高兴。我说,梅先生看你好像今天有什么事情吗?他说,我完了。我说,怎么了?他说,我昨天找了一个"胡琴"来吊吊嗓子,连最低的调门我也上不去,因为半年不唱了嘛。我说,你不要那个,我明天带个笛子来,你唱唱昆曲看。他说,昆曲没有人要看的。我说,现在你八年没有唱戏,不要说昆曲,你扮了戏到台上去站一站,人家也愿意花五块钱来看,你不做老板,我来做老板。他说我来考虑考虑。第二天,又打电话让我去,我说,怎么样,考虑下来?考虑下来现在只好唱昆曲,因为他所有的配角,所有的乐队都在北京,那个时候火车不通,你要一个一个都坐飞机飞着来,(花)钱太多了,他说因此只好唱昆曲。但是他说,我唱昆曲,一个人都不认识我怎么唱?我说这个你也不要管了,我包了,所有的配角场面什么的,你只要去联系一个剧场。那个时候美琪大戏院从来不让唱戏曲的,他们听到梅先生要唱了,特别欢迎,说,你唱,我们愿意让给你唱。他也很高兴,就在美琪大戏院唱了大概十一天。要票的人后来连票房的玻璃窗都打破了,他也想不到(会这么轰动)。唱完之后,他就打电话让我去,拿了一本账本,我说你干什么?他说,这次我卖了多少钱?我说,我不管这个事情。他说,这次没有你,我唱不成的,所以赚了多少钱,你应当分一分。我说,我绝对不能拿这个,这个钱是你"梅兰芳"三个字卖来的,没有你,没有那么多人的。

秦来来(下称秦):那时候您跟他一起唱吗?

俞:有姜妙香也有我,姜妙香唱一个《游园惊梦》,我么唱《断桥》《奇双会》。他跟我推了好些时候,一定要我拿一份钱,我怎么也不肯拿。后来过了几天,他又买了大衣的料子什么的,很多的东西送到我家,我说我不能拿,演戏的包银我已经拿了,其他钱我不能拿。有一天,他又打电话让我去,他说,给你钱你也不肯要,给你东西你也不收,我也没有办法了,但是我这一次能够唱那么十几天,剩了大概二十几条金子,那个完全是你的利益,现在我对你太感谢了,所以我没有别的办法,现在欢迎你进我的梅剧团。我说,这个我同意。我说,我跟砚秋分开有点生气的,但是我从程砚秋的剧团里头出来,我要搭一个剧团,要比程砚秋的还要高,除了梅先生就没有第二个了。不过梅先生已经有姜妙香,我们也是很要好的,我也不好意思。既然梅先生那么讲了,我说,那戏码怎么办?他说,基本上主要是你担任一些昆曲的,其他的戏你们两个人去商量。姜先生也是非常谦虚的,老是让我唱重头戏,他唱零碎的。我不肯这样,我们两个人相处得很好。就这样我就参加了梅剧团。那大概是日本人投降的时候,1945年,唱完了戏我就参加了梅剧团。

到1955年,梅先生在拍舞台纪录片,头一出拍的《宇宙锋》。第二个要拍《断桥》,我进了梅剧团,《断桥》就一直是我唱的,姜妙香意思是我唱不过你,这个还是你来好。所以梅先生也跟文化部反映,你们无论如何把俞某人请回来,我们一块儿拍《断桥》。周总理知道了,也很支持我们,他说,我来派人去。当然,派的人一到香港,当时头一个就去看马连良。一见马连良就表示是周总理关照的,这一次来接俞振飞连马连良、张春秋一块儿(回去)。梅先生拍《断桥》就想到我,一定要我回来。我回来不是简单的,周总理知道我香港那方面已经借了债了,派人来了,说是你去问一问俞某人,他欠多少钱给他都还清,还清之后再另外送他5000块钱港币,让他自己买一点喜欢的东西。那么,我就回来了。当时,梅先生关照我,你不要先到上海,你先到北京,你从广州过来了,就到北京。我到北京的那天,梅先生自己到车站来欢迎我,许姬传、姚玉芙都在车站等我。我呢已经跟北京一个朋友家里头联系好了,我想到了北京住旅馆也不行,住人家家里头吃东西方便一些。梅先生说,既然我们要拍这个戏,干脆你就住到我家去吧。我说,那实在太好了。他说,我的意思呢,我这出戏,你还要给我弄得细致一点。他很喜欢我父亲那种唱法,说,你们这个唱法太好了,我已经想了多少年,觉得昆曲名气那么大,现在他们唱的就是唱谱,哆来咪我就唱"啊啊啊",一点味儿也没有。但是,我这一次拍电影是要永远保留的,你还给我好好地念一念、拍一拍。因此,我就住到他家里头。正赶上他跟周信芳的舞台40年了,具体记不清,我也参加了。后来就开拍了,我是4月上旬到的北京,一直到8月初才回的上海,因为中间他们搞舞台几十天,又耽误了有一个多月。但是,在梅先生家里头住的时候,我们很开心的。梅先生晚上喜欢去吃吃小馆子,哪个小馆子好,我们就一块儿去,吃完饭就回到家聊天,跟梅先生聊天的确是得到很多好处。拍完之后,我当然回上海了,到1959年,我跟言慧珠搞了一出叫《墙头马上》,在新中国10周年我们献礼的。1959年,我们国庆的时候到了北京,这一出戏唱得很轰动。我们的计划是回来的时候就唱回来,北京下来到天津,天津下来到济南,济南下来到南京,南京下来再回上海,这样一来,至少路费可能在这里头能够出得来。我们刚到天津唱了没有几天,北京文化部就派人来了,说是你不要回去了,你还是回北京。为什么?梅先生要拍《游园惊梦》,也还是要你们二位,要言慧珠演春香。言慧珠之前是演杜丽娘的,她说,我演这个春香不行啊。对方说,别人原来差不多都是女人扮的,跟梅先生站在一块儿,大小相差得太多。言慧珠又高又大,倒配上去了,倒完全看不出是女人。言慧珠当时到上海来请方传芸去学这个,她只会唱杜丽娘,不会唱春香,就那么学起来的。这个影片拍完之后,就是梅先生大概隔得不久就过世了。

梅先生是1961年(过世),我们拍完《游园惊梦》是1960年。到北京去的时候,《光明日报》《北京日报》《人民日报》(海外版)都要我写稿子,我有一篇稿子写《游园惊梦》,忽然想起来,我跟梅先生头一次合作是在1931年还是1932年,我们昆曲保存社演的《游园惊梦》,最后又落到《游园惊梦》的电影,所以我跟梅先生很巧的,开始是《游园惊梦》结束也是《游园惊梦》。所以,像梅先生这种朋友的确使我得到很多好处。我最喜欢晚上跟他聊天,他一吃完饭,尤其在十一二点钟的时候,他精神最好,客人们也都走了,我们就随便聊。许姬传一个,我一个,梅先生一个,三四个人。

秦:主要聊些什么东西?

俞:听他讲,比如说《贵妃醉酒》当时先是跟谁学的,最后又跟谁学的,那个时候也是只要有好的老师,他就去跟人家请教。最早的时候跟他配《贩马记》里李奇的叫李寿山。李寿山年轻的时候就是唱旦角的,有一些旦角戏好得不得了,梅先生也是跟他学的。连昆曲的旦角,比如《春香闹学》什么的,梅先生也都跟李寿山学。李寿山得过名师传授。我们南方老昆班里头有一个叫丁兰荪,那个时候已经60多岁了,但是梅先生有一次不晓得看丁兰荪在教什么人,他一看,说,喔唷,这个人有本事,我要请他。那么就我去请。丁老师一听梅兰芳请他,也高兴得很。本来我们对于丁兰荪么,觉得虽然是老艺人,也看不出真正好在哪儿,让梅先生那么一分析,哪出戏里头什么神情什么动作,他说,这个人了不起。所以,我非常佩服梅先生这个人,他见识高,见得多。梅先生经常在文章里头说,首先你要懂得"精、粗、美、恶"。哪种叫"精",哪种是"粗",哪种是"美",哪种是"恶",有许多人不是分得那么清。梅先生成为一代宗师,不是偶然的。

秦:俞老当时您住在梅先生家的哪个屋子里?

俞:最早的时候,我住在他客厅的左边一间,许姬传不是梅先生的秘书嘛,那个房间里有一个写字台,他在那里写稿子,我去了之后就加一个床住在里头。后来,不晓得他们那个书房要派什么其他的用场,我说随便。那个时候,有一个跟梅先生化妆的叫顾宝森,也是我介绍的,是上海的。顾宝森有一个房间,他就跟我说,我住在别的地方,我这个房间让给你吧。我一看也蛮好,我就住在顾宝森住的那个房间,在南屋的旁边,西边。

秦:当时你们经常和梅先生一起聊天,是在哪间房间里?

俞:一到晚上,有时就在他那个卧房里头,梅太太在后头一个地方,老是在打牌。我们就三四个人坐在梅先生的房间里头,那里也有一个写字桌,也有几个沙发。

秦：梅先生当时在上海，不是蓄了胡子不唱戏嘛，那个时候你跟梅先生有什么交往？他那个时候住在什么地方？

俞：他一直没动过，一直是在马斯南路（今思南路）。孩子么，就是梅绍武跟老四梅葆琛，就是跟李先念是连襟的那个，他的爱人是李先念夫人的妹妹，在协和医院做牙医的。那时候葆玥、葆玖那两个很晚才来的，一直在外头。

秦：那个时候您也不演戏？

俞：我有时演，有时不演。那个时候，像姜妙香他唱完这个剧团，那个剧团来请他，他又去了。我呢不是这样，这个剧团唱完了，比如说一个月或者一个半月，唱完了我要休息了，休息个一两个月再接一家，所以空的时候比较多。这样呢，倒反而我的包银长得快，你不唱，人家就加你包银。这样一来，我不但比姜妙香（挣得）多，连叶盛兰都赶不上我。

秦：后来您在香港做什么，唱戏唱吗？

俞：我们只好自己组织，要三个月唱个一次，因为那个票我是卖黑市了，20块钱一张票，20块港币。票面上是6块，为什么？香港娱乐税太高，票价越高，他抽得越多，所以人家就告诉我，你最便宜的票价公开卖6块，实际黑市你喜欢卖多少就去卖多少，上税就按这6块钱上1块钱的税。唱一次戏好难好难，因为我这个小生挂头牌，我也没有本戏，比如说唱这种《奇双会》，旦角也得好，不好也不行，是吧？你老唱什么《白门楼》《罗成叫关》也不叫座。于是就动脑筋，后来我找了一个票友叫葛兰，她本来是拍电影的，我跟她唱了一次《人面桃花》，轰动得不得了。

采访附记

梅兰芳、俞振飞两位大师，在各自领域的成就，后人很难企及。两位大师的交往，是从昆曲开始的。俞老生前多次对本人谈及梅兰芳大师与他的结识、交往，让人称奇的是，他们两位的合作，始于昆曲《游园惊梦》，而最后一次合作，竟然也是《游园惊梦》。

1933年，上海昆曲保存社为筹集资金，准备演三天昆曲来筹款。梅兰芳先生知道此事后，主动表示要参加义演；俞先生一听真是喜出望外，有梅兰芳登台演出，这出票就更不成问题了。梅先生和俞先生搭档，先后演出三天，首日演出的就是《游园惊梦》。

1945年抗日战争胜利后，梅先生高兴地剃掉了蓄养多年的胡须，找到俞振飞说，非唱戏不行了。可是因为八年不唱，梅先生竟然连最低的调门也唱不上去。俞振飞赶紧宽慰他，不必难过，我明天带支笛子来，您先唱唱昆曲。演出是在美琪大戏院举行的，而美琪大戏院是从来不让演戏曲的，这次听到是梅兰芳登台，居然破例同意。梅先生也很高兴，再次与俞先生登台，演出的又是《游园惊梦》。这次先后演出11天，效果出奇地轰动，剧场门口人山人海，据说连票房间卖票窗口的玻璃都给急于要票的观众挤碎了。

1959—1960年，梅兰芳、俞振飞合作拍摄昆曲电影《游园惊梦》。

1961年，梅兰芳先生因病仙逝。

《游园惊梦》成了俞振飞心中美丽的梦。

听俞振飞先生讲梅兰芳，是我的一个愿望，也是广大听众（观众）的愿望。1986年夏末，我来到淮海西路俞振飞先生的寓所，拜访了先生，亲耳聆听了他娓娓的讲述，并且用录音机录下了这难得的资料。

时至今日，俞振飞先生的讲述，成了珍藏！

秦来来

2023年3月8日

追星付终生　甘苦唯自知
——遗孀眼中的黎锦晖

梁惠芳　口述　林丽成　整理

黎锦晖(1891—1967)是五四新文化运动影响下新知识分子的代表人物,在20世纪的中国音乐史、戏剧史、电影史、文学史、教育史中都占有一席之地。他从1920年始创作执导的《麻雀与小孩》《葡萄仙子》等12部儿童歌舞剧,以及《可怜的秋香》《蝴蝶姑娘》等24首歌舞表演曲,开创了中国近代舞台剧的新模式。2006年中国教育电视台重排演播了部分剧目。他任中华书局国语文学部部长期间,主编、出版了大量优秀的儿童读物,尤其是1922年创办主编的《小朋友》杂志,迄今已刊行100年余。他于1927年创办的中华歌舞专门学校,是中国近代第一家音乐舞蹈教育机构,由此沿袭为中华歌舞团、明月歌舞社,该机构在海外的演出,产生了历史影响,并培养了黎明晖、王人美、白虹、周璇等一批中国近代明星。

黎锦晖的创作活动也与时代政治息息相关,1925年孙中山逝世时,他创作了《总理纪念歌》。1928年他率团赴港演出,开幕女生合唱《总理纪念歌》时,全场观众肃立(包括现场的英国观众),在爱国华侨中传为佳话。北伐战争期间,他又创作了《同志革命歌》《欢迎革命军》等。抗战初期,他创作了《我是中国人》《中国威力无穷》等29首抗战歌曲,并汇集成《中华民族战歌》出版。

黎锦晖最为著名的成就是在流行音乐领域,是当之无愧的中国流行音乐奠基人。他创作的流行歌曲《毛毛雨》《小兔子乖乖》不仅传播至海外,还有相当影响力。直至黎锦晖在音乐界销声匿迹近80年、离世半个世纪后,美国学者Andrew F. Jones在其论述中国的爵士乐与现代化及文化传播的专著《黄色音乐》(Yellow Music)中①,专列一章讨论黎锦晖,并称之为"中国现代流行音乐的里程碑(towering presence)"。因曾听母亲说

---

① Andrew F. Jones: Yellow Music, Duke Univesity Press, 2001.

起中学时代去广播电台唱过歌,所以我一回家就问年近九秩的老妈,知道黎锦晖的歌吗?谁知她立马哼了起来,还谦虚一把:"歌词记不全了,调子是这样的。"真让我亲见了黎锦晖的音乐曾经对青年人的影响。

新世纪以来,黎锦晖终被中国音乐学界发掘并客观评价,并因中央电视台的《百年歌声》等节目报道而渐被社会知晓。与黎锦晖的盛名相较,与其相伴31年的夫人梁惠芳女士却鲜为人知。2004年12月14日,经上海音乐出版社原总编辑王秦雁的穿针引线,我们有幸采访了黎锦晖的遗孀梁惠芳女士。在上海西南一隅的新建住宅小区里,黎夫人如约接待了我们。宽敞的三室一厅,没有什么冗余的陈设,简洁且空落落的。87岁的梁女士独居于此,生活完全自理,孩子们时来探望。落座后,梁女士的第一句话竟是让我们留下吃午饭,深感意外更于心不忍,同行的除了王秦雁前辈,还有上海音乐出版社的编辑于爽和摄像师武科展,怎能让奔九的老太太为我们四个做饭?按通常流程,每次访谈结束后,都是我们请被访者去附近餐馆吃饭。见我们面露难色,老太太说她昨天就开始准备了,没得商量。第一印象:眼前这位敦实的小个子妇人,坚忍独立,说一不二。几句寒暄之后,老人家记忆匣子缓缓打开。

由歌迷到夫人

我出生在北京。那时候学校里有音乐课,老师教黎锦晖的歌《麻雀与小孩》《葡萄仙子》《可怜的秋香》等。那时候差不多不管走到哪儿,马路上几个小孩凑到一块儿,就会又跳又唱的,都是黎锦晖的歌。

大概十三四岁时,就是"九一八事变"之后,我父亲[②]不在北京工作时,我们家遭到抢劫。后来,我们全家就搬到了南京,我就没有继续读书,待在家里。那时候,像我们这种年龄的女孩子,家里并不要你读什么高深的书,又不要你养家活口,读那么多书干什

---

② 梁上栋(1887—1957)先后毕业于省立山西大学堂、英国伯明翰大学。1910年在伦敦加入中国同盟会。1912年始在南京临时政府和改组后的国民党政府任职,曾任北京政府陆军部外交事务处处长,协约国巴黎和会中国军事代表,国联常务军事顾问第六届大会会长。1929年始任北平市社会局局长兼代市长等职。国民党参政会第一、二、三、四届参政员。1948年当选为监察院监察委员。此后赴台湾。

么？就一般的，能够管家，能够记账，能够写写信、看看书就可以了。所以，并不把学业当成了不起的事。

到南京后，家里买了收音机，那时收音机不是普及的，很贵的。就在家听收音机自学唱歌，学着玩嘛。那时候就有流行歌曲了，什么王人美啊、黎莉莉啊，都是她们唱的歌。当时年轻人学黎锦晖的歌曲，学校教黎锦晖的歌曲，一般人凑在一块儿，大家在一道玩，就唱黎锦晖的歌多。但当时不知道是谁写的，什么黎锦晖，我们也不大清楚，不大关心作者，就知道是谁唱的。现在也是，都只知道某某歌星，作曲的人是不大去问的，除非特别介绍。

那时候，我父亲交往的都是很有名望的人，那些人都有好几房太太。我母亲从来不管我们，一天到晚就是搓麻将、交际，很少见面。早上，我们起来她还在睡觉；晚上呢，她也出去打牌，不在家。我当时看了一些新的小说，巴金的《家》什么的，就对自己的家庭很不满，觉得特别不舒服，老想跳出这个圈子。也是那个时候，受一些新思想的影响，觉得自己将来总要有点一技之长，不要靠别人。

1935年，黎锦晖那时不是离婚么③，我们家订了好多报，反正每张报上都有，报道他离婚的事情。那时候，我就写了一封信给他，想安慰安慰他，我有点替他打抱不平的意思。这么好的一个人，竟遭受到那样一些不公平的事情，不就是因为他搞明月社嘛！没想到他会给我回信，信写得非常好，让人感觉这个人很有才。

后来，我就到上海与他见了面。他一见到我，吓了一大跳，他说："你怎么这么年轻呢，我们不大合适的，我比你大得多了，将来你要吃苦的，而且你家里也不会同意。"他就讲他很穷，没钱，没有房子，也没有地，什么都没有。他越说，我就越觉得他这个人特别好，我们如果能够相爱结婚，这都不是问题，我不怕吃苦。当时我的想法就是不要家里给我找（结婚对象），因为家里找的肯定是要有点钱或者有点势的，但是那种婚姻不会长久的，我看得多了，所以那时候就觉得要找人品可靠的。

就这样，我们就开始通信。后来黎锦晖找人到我家里去，跟我父亲提亲，我父亲不赞成我跟他结婚。后来么，也就这样了，爱跟谁结婚就跟谁结婚，也不管了，我们脱离了

---

③　1935年，黎锦晖与徐来离婚。

父女关系。我父亲登过报,声明跟我脱离父女关系。他还跟我交待过,以后再也不要提起他,再也不许提家里的事。那时候我19岁,1936年。不过,后来在重庆的时候,我去看我父亲,他也就认可了,只要我们好就行了。在重庆的时候,我大哥还请我吃过饭。反正他们那时候都过得很好。

现在想起来也挺荒唐的,写信前从来没有见过黎锦晖。黎锦晖也说了,我们这个婚姻不足为训。不过,我们还是相处得相当好,穷的时候也没有后悔过,困难的时候也一直很好,两个人很和谐。他人很好,从来不赌不嫖,没有(不良)嗜好,除了工作就是工作,这些都是结婚以后才逐渐了解的。

婚礼就在明月社办的,请了明月社所有的新老社员。另外在饭店请了他的朋友唐槐秋之类的和一些电影界的人。结婚的照片没有了,都丢光了。我们结婚后就住在明月社,在西摩路安逸坊,西摩路就是现在的陕西北路,明月社腾了一间房子给我们,临街的,几号我就不记得了,就在一个拐角的地方,有一个小花园,里头一个院子,我们经常在院子里晒太阳。有时门口有卖地力(荸荠),一串串的,大伙都去买来吃。

我们结婚以后,明月社就交给他弟弟黎锦光④主管了,我们就离开了明月社。从1935年起,社里的事情差不多都是黎锦光在管,黎锦光没钱了就向黎锦晖要,但是社里的其他事情呢,不要他管,黎锦晖只负经济责任。最后黎锦晖拿不出钱了,黎锦光就说,那你就不要管了,社归我了,债务你还。两人还立了一个合同,欠的债务我们一直到新中国成立后才还清。黎锦光带着演员去南洋,一路上跟严华、王人艺都闹别扭,一路吵,吵到南洋。王人艺到了香港就回来了,还有张其琴(音)等人都走了,都不跟黎锦光去了,最后(明月社)在南洋解散了。

离开明月社后,我们到南京、到湖南去了。黎锦晖在平民教育促进会编写教材。在抗日战争初期,黎锦晖就写了很多抗日救国的歌曲,1937年在长沙出了一本《中华民族战歌》,后来也有几首流行的歌,比如《我是中国人》《全民抗战歌》,还有《中国威力无

---

④ 黎锦光(1907—1993),黎锦晖的七弟,为中国流行音乐成熟期的代表人物。1927年进入二哥黎锦晖创办的中华歌舞团从事音乐创作、指挥,代表作有《夜来香》等。1939年进入百代唱片公司任音乐编辑,1949年该厂被接管后改名中国唱片厂,黎锦光继续担任音响导演。

穷》《是好小子上战场》,都是比较通俗的。我们留了一本,后来送给北京音乐研究所了。孙继南⑤那儿也有,还有别的杂志也有转载的。那时作的歌没有拿过稿费,根本没有想到要什么稿费,就是出版了就可以了。

梁惠芳与女儿明阳(1946年,南京)

黎锦晖12岁就离开家读书。他说他们兄弟中,哥哥跟他都是很小就出来自立了。他每年都得奖学金,考第一名,一直到大学。他说,读大学时他就开始工作了,一面读书,一面教音乐,收入很多的,经常往家里寄钱。大学在长沙高等师范学校⑥读的,专业是画画,算艺术系吧。后来他到了上海和北京,在北京也是一边在众议院里当书记,一边在孔德学校教书。他的父母很开明,孩子放出去就不管了,爱做什么做什么,只要不做坏事。

黎锦晖的父母我都见过,他们家有两百亩田,在当地算有钱的。后来他父亲说一个儿子给20亩田,我们没要,20亩田还给他父母了,因为我们在外头,也不会管田。抗战的时候,他弟弟准备回老家,老三、老四、老六都回去了。他弟弟跟我说:"你跟我们一块儿走吧,在外面会饿死的。"我说:"我不去,我不会饿死,你放心好了。"那时我们刚到重庆,我说,我们在重庆不会饿死。有钱的时候,还会寄点钱给他父母。他们八个儿子都挺孝顺的。后来他父母的田都给了老三,老三是学开矿的,挖煤矿把田都当掉了。所以到了老年,孩子们都接济他们。后来解放了,老三(因为)是当家地主,要退押,我们大家都寄钱回去,把他救出来。他父亲在乡下,人家都挺尊重他的。

---

⑤ 孙继南(1928—),山东艺术学院教授,音乐教育系原系主任,《黎锦晖评传》作者。
⑥ 彼时校名为长沙岳麓山优级师范学堂。

歌舞团的孩子们

最近因为王勇⑦跟我说,他要给王人艺开一个逝世 20 年的追思会,叫我写点东西给他,所以,这几天在想过去的一些事情。为什么明月社这么多人,个个都是很出色的,确实那时候黎锦晖所做的一切,都是为了那些人。他不惜一切,尽量培养那些人,所以王人艺跟他的感情胜过一切。因为他教王人艺从小就拉小提琴,他说他并没有什么高深的水平,就是拉着玩吧。可是王人艺几天就拉得比他好,他就觉得王人艺是可造之才,就专门请老师教。王人艺一天拉 8 小时的小提琴,进步得快极了。后来到上海,他又给王人艺找了一个意大利老师教,花 160 元钱买一把小提琴给王人艺。可他自己要买一条裤子,十几元钱都不舍得。所以,我觉得黎锦晖这个人,确实是很难能可贵的,事业重于一切。

不像现在,大家抢着去学音乐,那个时候,是要求人家来学,给钱才有人来学。因为黎锦晖爱音乐,他就觉得,只要肯学音乐,他花钱都愿意。1934 年进明月社的,还有严斐,严斐是跟严华差不多同时间进明月社的。黎锦晖说,严斐是春和大戏院带票的⑧,她要参加,后来严华也要参加。可是严斐说,是她哥哥先参加、她后参加的,说法不一样。还有白虹、周璇,那时白虹比周璇红,其实唱是白虹唱得好,但是后来周璇又超过她。那时周璇好小啊,还是小姑娘了,白虹也不过十七八岁。那时的明月歌舞社就像明星学校,不但不要学费,还倒贴钱,每个月都发 15 块零花钱,管吃、管住、管看病,什么都管。票卖得挺好的,有什么军警啊,有些不买票的,也得送票,所以也赚不了什么钱。每场演完了,一些大演员,黎锦晖把他们带到饭店里去吃好的;一般的演员,就叫一桌一桌的,送到后台去。当时他们的演出场子是金城大戏院,现在叫什么我就不知道了,原来是柳中浩的戏院⑨。

那时候明月社里有几个人是他最喜欢的,严励、张静后来都走了。章锦文是老社员,我儿子学钢琴还是她教的,后来我女儿的小孩要学钢琴,女儿要我带她去找章锦文,

---

⑦ 王勇,原上海音乐学院教授,现任上海大学音乐学院院长。
⑧ 领票员。
⑨ 现在的黄浦剧场。

一去啊,才知道章锦文已经去世了。那时候的《歌星画报》刊登了章锦文的照片,她是当时明月社唯一的女钢琴师;她还在电台弹钢琴,能够弹古典的,也能弹一般的。黎莉莉还活着,大概91岁了,我们有联系。她谁都不肯见,她老头去年过世了。《百年歌声》(中央电视台的专题片)要去采访黎莉莉,我就打电话给她,她说:"我现在怕跟人家接触,因为找我的人太多。"黎莉莉是最老的演员了,出了一本《似水年华》,她的一些事情都写在里面,跟黎锦晖的关系写有一段,其他都是孙瑜啊后来的那些导演。《百年歌声》要了解王人美,黎莉莉介绍了王韵清(音)。王韵清也在北京,过去也在明月社待过的,那时候到东北去表演,王韵清演过四个儿童歌舞剧。我们在重庆的时候,与王韵清来往得很多,她住在我们前面,那时很年轻的。她后来是艺术学院毕业的,学雕塑,现在也有80多岁了。现在找明月社的人很难找了,张帆(音)是后期的,对黎锦晖时期的明月歌舞社不了解。

明月社的那些人,都像自己的小孩儿一样,见了面都是很亲热的。

在重庆的那些人和事

1941年,黎锦晖进了中国电影制片厂,那时在重庆。刚去重庆的时候,人生地不熟,后来找到工作了,就安定了,所以待了8年。在重庆时,我也工作了8年,搞统计,那时不是抗战么,在伤兵慰问组,当时是战时机构。我住在单位里,单位有房子,福利很好。他在电影厂工作,住在电影厂,每个星期回来要过江,过嘉陵江,大风大雨、涨水,他都照样回来,我们感情是很深的。

两个人都有工作了,生活上基本没困难,只要不挥霍,一般的生活还是可以过的。比如说穿衣服吧,他给丝绸厂作个歌,人家就送他一两打衬衫,他有得穿了。他不在乎外表,也不喜欢买衣服。记得我给他买了一条裤子,16元钱,他说把它退掉吧,太贵了。我说,你平时用钱像流水似的也不在乎,怎么买条裤子会那么心疼呢?他说他自个儿无所谓的,穿什么都可以,好像没什么需要。黎锦晖这个人,他能吃苦的,有钱能过,没钱也能过,能上能下。

他在北京的时候,什么言菊朋啊,好多京戏演员都是他的朋友,在一起研究声韵学。

唱京戏要讲究韵的,所以就研究音韵。在上海,他的朋友也都是很有名的。唐槐秋,搞话剧的,中国旅行剧团就是他组建的。他的女儿叫唐若青,头一个演话剧《茶花女》的。还有陶金、舒绣文他们,舒绣文就是《一江春水向东流》里演王丽珍的,演得真好;上官云珠,演表妹的那个;以及陶金,黎锦晖和这些人都是好朋友。在重庆,他们都是中国电影制片厂的演员。秦怡就是在重庆出名的,演《野玫瑰》,我在现场,她穿着一件紫色的旗袍,站在那里,一开幕,底下呱呱地(鼓掌),美极了,年轻的时候真漂亮。还有项堃、路曦也是很有名的,也是明月社出来的,路曦在北京搞话剧,演得很出名。

在重庆时,黎锦晖为郭沫若的话剧写过插曲,叫《虎符》吧,这是因为黎明健(即郭沫若的夫人于立群)的关系。于立群早年是明月社从北京招考来的,她的父亲到上海来请客,请了黎锦晖。他说他的女儿在明月社里挺好的,现在就把女儿正式过继给黎锦晖,给她起名字叫黎明健,还写了字据,要黎锦晖负责抚养。后来黎明健和郭沫若结婚了,他们结婚时,我们在江西,后来才知道黎明健嫁给了郭沫若。到重庆后,他们就来看我们,那个时候,他们已经有两个孩子了。于立群挺好的,跟黎莉莉两个人经常会来看我们。黎锦晖还为陈铨的《蓝蝴蝶》《无情女》写过曲子,也都出版了。

在重庆8年,复员到南京,中国电影制片厂的总部在南京。1948年,他又调到上海,我们又回上海。

适应新时代

上海解放前夕,人家都劝我们走,都劝黎锦晖离开。歪说共产党最讨厌他的《桃花江》《毛毛雨》,他不逃掉的话,一定得倒霉。黎锦晖说,他认了,倒霉就倒霉,他不想走。以前国民党教育部也明确规定,他的歌曲不能上课堂。现在希望国家好,只有希望共产党好,是吧?

1949年解放接管时,黎锦晖在电影厂。我也在电影厂工作了三年,我们有了七个小孩,靠一个人的工资是养不活的,一年比一年负担重。我还请个人来带小孩,那人到我家一看,那么多人,她不肯做。因为小孩已经离不开我了,我就一心待在家里做家务。

有一天,有人说,黎太太,有人来看你,是史科长。我莫名其妙,什么史科长?一看,是史平（音），电影厂人事科的史平，在重庆的时候我们就认识，他们从解放区来时，我们还帮了他们很多忙。以前就知道他是延安来的，没想到，他又到上海来接收，当了电影厂人事科科长。我说："怎么是你呀？"他说："你没想到吧！"那时谁要了解黎锦晖，都是由他接待。他跟我说过，黎先生的事他最清楚，黎先生不是革命的，但是有正义感，政治上没有任何问题。

电影厂被接管后，把黎锦晖搁在音乐组，朱践耳是组长，花了两个月时间"帮助"他认识做流行歌曲的罪状。会上批判他，批判完了，第二天就接到安慰他的信。有一个李示昭（音）吧，因为替他说话，被打成"右派"。文代会上，黎锦晖第一次上台发言就说他自己是首恶，做流行歌曲是头一个，首恶必办。他没想到没被枪毙，还请他来做代表。其实，从1936年起，他就一直没有做过流行歌曲，他创作的是群众歌曲、

20世纪50年代黎锦晖夫妇与女儿合影

抗日歌曲。

黎锦晖开始是在译制片厂⑩，翻译片要把外国话翻成中国话，翻译好以后，音乐声带再配上去，差不多搞了一百部译制片的音乐，没有出过错。日班、夜班，那时译制片厂就他一个人搞音乐，他搞了五年。原来做这个工作的，叫任敏（音）吧，他说，黎先生，你千万不要做这个工作，既无名又无利，又累，又难做。黎锦晖回来跟我说，人家说这个工作难做，他倒要看看这个工作怎么难做。他做的头一部片子叫《蟒魔王》，他回来说，太简单了，这个工作简直不费一点脑子。所以后来他调到美影厂，待在北京两个月没回来，译制片厂天天打电话给我，问黎先生回来了吗？我说没回来。对方问他会不会调走啊？我说我不知道。他们舍不得他走啊。

---

⑩ 那时还是上海电影制片厂翻译片组。

后来指定他创作电影歌曲,他挺积极的,写电影歌写得不少。电影《秋翁遇仙记》需要配歌曲,那时候吴永刚到家里来拜访。吴永刚说:"今天我来找你,帮我写个歌词,这歌词只有你来写,别人写不了,因为带点古典的。"黎锦晖就给写了歌词。美影厂四部美术片是黎锦晖作的曲,后来调到美影厂,他很高兴的。生病了,一个电话来,马上爬起来就走。他说,这些东西他是从字纸篓里捡来的,就是他以前的作品,都是扔掉的,没有用的,现在都把它拿出来了。他这个人啊,只要让他做音乐工作,什么名啊,利啊,他什么都不管。他的工资当时只有一百零几元,九级。刚开始他也不知道,他不管的。我们是什么时候知道他九级的呢?是1956年音乐周,到北京演《小小画家》,在紫光阁,周总理请吃饭。周总理一进门就问,黎锦晖来了没有?吕骥赶快跟黎锦晖说,总理在问你。吕骥陪他到总理那儿去,总理就问他生活啊,工作啊。他说还可以。回来后,王云阶就上我们家来,就说道歉,新中国成立后人家都加工资了,没有给他加过,现在要给他改善生活。没想到一下子加了80元,加了四级,从九级提到五级,还补发了之前的差额。黎锦晖不知道原来是几级,他从来不问这些事,只晓得埋头工作。本来每个学期我要交好多学费,老是向厂里借钱,厂里那个会计挺好的,说:"黎先生你有困难,我借给你。"黎锦晖人缘蛮好的,就连管花园的种花工人都跟他好,每天修剪花枝的时候都会扎一把花,放在传达室,看见黎先生出来就送给他。厂里的木工呢,就做两个小凳子送给他,家里小孩多啊。他跟那些工人都合得来,谈得来。他说:"我是搞平民文学的。"黎锦晖就是这么一个平易近人的人。

新中国成立后,在地区里、里弄里,大家都对我不错的。1960—1966年,我参加政协的知识界家属学习,他们对我也很好。那是柯庆施在上海市主政的时候,一直到"文化大革命"。那时,上海市副市长赵祖康的太太张家惠(音),经常到我家里来,她跟我说:"我看你生活很艰苦,家里这么多人,也不用人,都是自己做。我知道你怕你老先生去世后生活会有困难,我劝你,想开点,将来你的生活国家会包下来的。"但我并不想那样。

最后的日子

黎锦晖本来就心脏不好,但是厂里一直没让他退休,都七十三四岁了还在工作。我到厂里去跟他们说,让他退休吧,不让他退休,他生病在家不做工作,我们来拿工资,总觉得怪不舒服的,不工作还拿钱;有工作吧,他心脏不好,也做不了。人事科说,厂里研究一下再说,让我不要急。后来人事科跟我说,厂里同意黎锦晖退休了。工会的人后来对我说,他可以不办退休的,否则家里的生活怎么办呢?我说,还是让他退休的好,不用管我家里了。没想到退休才一年,黎锦晖就走了。

冬天,我在家都生个火,用那个煤饼。那年又冷、又怕,又没有生火,他就发烧了,冻的。黎锦晖不好到医院去,医院里贴了条子,资产阶级知识分子不给看的。我的一个朋友是医生,我就请他到家里来,给黎锦晖打了针也没用。医生说,还是得送他到医院去。黎锦晖说他要死在家里,不要去医院。我说那不行啊,万一要急救呢?我不给他做急救,我心里也难受啊。好说歹说把他送到医院里,就是现在的华东医院。一到医院,医生就说,很危险,要送到病房去,说不定在半路上就会没有了。我说,那也得送进(病房)去,不要你负责。

他进去才三天呐!他说:"我一闭上眼睛,大字报太多了。"他说他心里头很害怕。幸好当时我们的大儿子回来了。大儿子在东海舰队,有任务回来,他领导听说他爸爸病了,叫他在这儿不要走。在医院里,黎锦晖对大儿子说:"我这次好不了了,我没什么惦记,只有你妈妈没人管不行。"他就跟孩子交待我的事。我说:"你别管我,我这个人呐,很容易活的,一个饼就能过日子。"他说:"没钱啊。"我说:"不要紧,你不要怕。"他没有别的,他就担心我。我陪他到夜里,他吐血,而且痰堵着。我去找医生,医生来了给他抽痰,一抽抽坏了,把血管抽破了。然后就吐血,就没救了。那些医生还挺好的,我说吐血了,马上来了好几个医生。那是1967年2月15日。

黎锦晖其实就是吃坏了,本来他在翻译片组那么累,日班是他,晚班也是他,也没什么病,血压也不那么高。后来到北京开会,天天吃羊肉,人家都不吃,看他吃么,都推给他吃。回来体重增加了20斤,我都不认识他了。现在想想,有时候有钱不是好事。吃得太好,一下子重了20斤,血压一下子就上去了。本来只是有点咳嗽,有点气管炎。

后来我女儿查过病历,黎锦晖有高血压、心脏病,不吸痰,堵死;吸痰么,血管脆了。他把遗体捐给医院了。墓地买在苏州凤凰山,那墓我买得还不贵,只花了七百多元钱。本来他们说不要墓,我说不行,墓要给他留一个。那个地方很好的,后面靠山,前面是水。让他在那儿安息吧,他本来就来自群众。

我们的孩子

他过世的时候，我们家住四明别墅，愚园路 576 弄 43 号二楼，也是租的。黎锦晖就没有买过房子，连想都没想过。他走了之后，家里什么也没有。他一直都说，他上无片瓦，下无寸土，就留了一点歌。不过孩子们一点也没有靠爸爸，他们都靠自己奋斗，都不错。黎锦晖从来不打小孩，也不骂孩子，脾气好。现在孩子们都能写能画，很受他们父亲的影响。

黎锦晖的大女儿黎明晖一直在歌舞团做演员，《百年歌声》里有她最后一个镜头。黎明晖不演电影后，就一直待在家里。新中国成立后，陆钟恩⑪搬到了香港，人不舒服，去医院检查，一查是肝癌，很快去世了。经济来源没有了，黎明晖就回到北京，在一个培新幼儿园里当保育员。后来被安排在文史馆。那时章士钊的太太还在，黎明晖经常到那儿去。后来章士钊的太太过世了，周总理问他要什么人来照顾。章士钊说要干女儿黎明晖来照顾。那么，就安排黎明晖做他的生活秘书。章士钊后来在香港去世，黎明晖到香港去把他的骨灰接回来。

黎明晖只有一个儿子，很孝顺母亲的，对她真的很好。儿子把她在北京的房子卖掉，把她送到上海莘庄的老年公寓里，可以照顾得好一些。这小孩挺老实的，就是没读好书，好的工作呢，他做不了，差的又不肯做，就耽搁了。他都 70 岁了，一直在打工，在广州什么音像公司，校对节目什么的，一个月 3000 元。他给我写信，说自己也挺感慨的，后悔没有好好读书。

黎锦晖的后代里，还有一个老五是弹琴的，去新疆好多年了。现在退休了，在新疆教二三十个学生，教钢琴，教得挺好的，去中央音乐学院考级，都能考过的。那时我们劝他，读书读到高中毕业，把基础打好，想上哪儿上哪儿。他自己非要去新疆建设兵团，高中不考了，去干革命。结果到了那儿，满不是那么回事，后来自己又考学校，考到新疆艺术学院的。

---

⑪ 陆钟恩，黎明晖的丈夫，曾是足球运动员，后经商。

自食其力的晚年

小时候,根本不懂什么是生活,要什么就用钱去买什么,后来才逐渐地懂得如何生活。他父母家里,我们一针一线都没有拿过;也从来不跟我家里说我有困难,因为自己找的么,你自己要这样,那跟家里就不要说了,没意思,对吧!我没有工作,也没有退休金。有人说,我带你去问政府要。我说,我不要,我能活。我要了人家的,我会心里不舒服的。

黎锦晖过世后,我们那个地区政府对我很好,居委会要给我补贴。我说,补贴我不要,你给我找一个工作吧。他说,隔壁有一个计算机所⑫,你到厨房去做做吧。我去做了8年,每月30元左右吧,心里踏实,我自己赚的。

后来因为我女儿结婚,没房子,我就把老房子换掉,换了两处,一处给我女儿结婚,一处我跟小儿子住。我与小儿子的房子换在哪儿呢,就是虹桥路中山西路,是公房。搬到中山西路后,我就不去计算机所做了。后来他们又来找我,这样我又去做了两年,那时60岁了,他们还舍不得我走呢。

我住在四明别墅时还是里弄干部,还有奖状。那儿有邻居,三楼还是老邻居。我的小儿媳妇娘家还在那里,他们经常问我小儿媳妇我还好吗。

现在我住的房子是老二买的。老二在美国,赚了点钱,她说,妈妈太苦了,她给买个房子。老二说,冬天必须开空调,不能着凉,电费她出。我们的老二很孝顺的。那年我去美国,也是她给办的,路费什么都是她出的。我在美国自己也赚了一点钱,到美国时我70多岁了,我帮人家看看孩子,赚了好几千元美金就回来了。带回来的钱到现在还存了2000元美金。所以,孩子们给不给钱我也不在乎,我自己能活。我的小儿子很好,他每个月给我400元。我老大媳妇也很好,儿媳妇比儿子还关心我,每个月拿钱来,要多少就拿多少。我说这不好,给我200元就够了。她说200元有啥用啊?我说够了。

现在我们这里的居委会,看我年纪大了,问我有多少收入。我就给他们看,电影厂每个月还给160元。他们觉得我生活有困难,我说生活没困难。现在,里弄里每个月还给我50元。我说我不需要钱,他们一定要给,后来助贫困的时候我就捐点,捐了200元。

---

⑫ 现名为上海长江计算机信息技术有限公司。

我对娘家是有感情的,因为是我自己找罪受,就不要去诉苦,没什么好说的了。娘家全搬到台湾去了,也没有办法了,父母都没有了。如果我真的有钱,或者我很发达,那我回去很光荣,但是现在这个样子也没什么意思。不过,我在美国的女儿,现在跟我哥哥他们家有来往,在美国来往。

采访后记

老人平静坦然、含蕴着深深无奈的谈吐,重重地撞击人心。真的很想为风烛残年的老太太做点什么。不久,我们按约定接梁女士一起回愚园路的老房子看看,在他们家租住的二层前楼,她与黎先生度过了生活相对安定的十几年,也携手捱过了最后的困难时期,直至天人永隔。三楼的老邻居闻讯下来,几位老头、老太太围在一起,唱起了他们心底永不忘怀的黎先生的歌……我们的镜头记录下梁女士回家的画面。此后,每年出版业的年末聚会,我们都邀请梁女士参加,直至她2008年离世。

梁惠芳女士出身于北京南池子的民国政要之家,为追求理想的生活方式,毅然告别锦衣玉食的安逸生活,并一生信守对父亲的承诺。70年间,这位民国新女性,经历了多少难忍不堪,磨炼造就了强大无比的内心。黎锦晖先生,纵然一生起起落落,早已青史留名;而无怨无悔地相随相伴30余载的梁惠芳女士,则鲜为人知。不想让善良、忠诚、一诺千金的伟大女性湮没于历史尘埃中,18年后,我完成了心愿。

2004年12月本文作者采访梁女士时合影